KB069794

♣ 베스트셀러 –

타로카드상담과 NLP힐링치유(2쇄 품절), 타로카드 상담전문가(2쇄), 칼라심
리&상담카드, 타로상담전문가 프레젠테이션, 타로카드별 상담전문서 실전편
(1) 데카메론 타로카드, 실전편(2) 심볼론카드 상담전문가에 이은 ♣

타로카드 상담전문서 – 마르세이유 타로카드 상담전문가

대학 평생교육원, 교원연수 전문 강의 교재

마르세이유
타로카드 상담전문가

저자 최옥환(필명, 최지환) 外

마르세이유 타로카드 상담전문가

초판 1쇄 인쇄 | 2020년 10월 01일
지은이 | 최옥환, 강미정, 고선희, 김윤하, 김정숙, 김현식, 이명희, 이정숙, 이주연, 장영숙
펴낸이 | 이승훈
펴낸곳 | 해드림출판사
주 소 | 서울 영등포구 경인로82길 3-4(문래동1가 39)
　　　　센터플러스빌딩 1004호(우편07371)
전 화 | 02-2612-5552
팩 스 | 02-2688-5568
E-mail | jlee5059@hanmail.net

등록번호　제2013-000076
등록일자　2008년 9월 29일

ISBN　979-11-5634-428-5

한국타로상담&NLP상담협회

대학 평생교육원, 교원연수
전문 강의 교재

마르세이유 타로카드
상담전문가

저자 : 최옥환(필명, 최지원)
강미정   고선희   김윤하
김정숙   김현식   이명희
이정숙   이주연   장영숙

BNF
[프랑스 파리국립도서관]
소장본
Tarot De Marseille

해드림출판사

❧ Contents ❧

PROLOGUE
프롤로그

　과학 문명이 발달함에 따라, 그리고 4차 산업혁명의 시기를 맞이하고 있는 현시점에, 보이지 않는 영역에 관한 연구가 실로 뜨겁다. 더불어 우리 인간의 마음에 대한 중요성도 강조되고 있어 다방면의 마음 연구도 활발하다. 10년이면 강산이 변한다고 하지만, 4차 산업혁명 시대를 맞이하는 현재, 이 말은 이미 오래전 옛말이 되어버렸다. 또한, 과거에는 커다란 영역에 대한 눈에 보이는 부분의 강조가 있었더라면 현재 사회는 아주 작은 눈에 보이지 않는 부분에 대한 포커스가 더불어 이루어지고 있다.

　과거의 타로가 단순히 점이라고 치부되었다면, 현재의 타로는 치유, 힐링을 위한 상담으로 각광 받고 있다.

　우리 개개인 모두는 몸과 마음으로 구성되어 있으며 이 중 마음은 의식과 잠재의식으로 양분된다. 또, 잠재의식이 우리 마음의 90% 이상을 차지하고 있다.

　하지만, 과거에 우리는 어리석게도, 논리적으로 따져가며 분석하고 사고하는 10%도 안 되는 영역인 의식이라는 부분이 우리의 모든 것이라고 잘못 판단하며 행동했다. 눈에 보여야 참이라 믿었고, 논리적 사고에 따르는 것만이 사실이라고 판단해 왔던 것이다. 물론, 보이지 않는 부분을 신뢰하지 않는 많은 사람은 지금도 그렇게 생각하고 있다.

　부모는 자식을 낳아 양육하며, 자식 또한 그 아래 자식을 낳아 양육한다. 그로 인해 현재의 세대가 이어져 온 것이며 이후의 세대가 이어져 가게 된다.

현재를 살아가고 있는 우리의 문화도 선조들의 전통을 계승하여 내려온 것이며, 이와 마찬가지로 타로카드에도 그 전통이 있다. 하루아침에 현재 사용하고 있는 타로카드가 하늘에서 뚝 떨어진 것이 아니다.

바로 마르세이유 타로카드는 타로카드의 전통, 정통성을 살펴보는 중요한 타로카드의 지표이다. 즉, 마르세이유 타로카드는 현대사회에 사용되는 대부분 타로카드들의 근본이며, 바탕이 되는 어머니의 역할을 해왔다. 모던 카드의 대표 카드로 알려진 웨이트 계열 카드 또한 마르세이유 타로카드의 영향을 받은 것이다. 이런 마르세이유 타로카드 세계의 신비롭고 심오한 내용을 이해한다면 타로카드 전반의 흐름을 섭렵하기가 수월할 것이다.

이런 큰 의의로 마르세이유 타로카드 상담전문가의 이야기를 펼쳐 나가려고 한다.

아주 편안히 마르세이유 타로카드 안의 이미지와 쉬운 설명을 같이 병행해 보고 읽어나간다면 어느새 마르세이유 타로카드가 독자들의 곁에 가까이 와 있을 것이다.

자, 그럼 이제 수백 년 전 당시의 마르세이유 타로카드를 음미하며 서프라이즈한 마르세이유 타로카드로의 여행을 출발해보자.

2020년 작열하는 태양 빛의 여름을 지나 가을을 맞이하며
대표 저자 최옥환 (필명, 최지원)

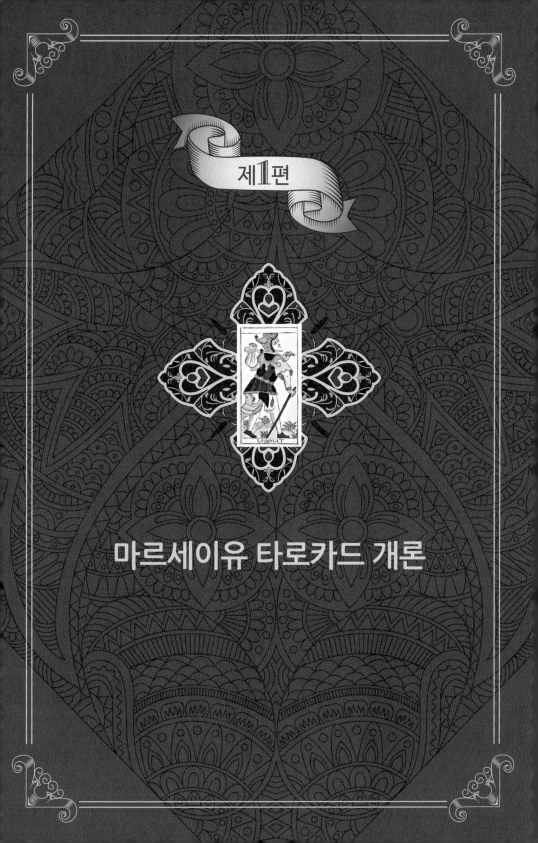

제1편

마르세이유 타로카드 개론

1. 타로상담의 의의와 상징

(1) 타로상담의 의의

하루에도 몇 번씩 지구촌에는 서프라이즈한 뉴스가 인터넷, 방송 등의 매스컴을 통해 세계 곳곳으로 전파되고 있다. "10년이면 강산도 변한다"라는 말은 이젠 옛말이 되어 버렸다. 이런 초고속으로 변화하는 세계를 살아가는 우리는 불안한 미래에 대해 늘 근심하고 걱정하며 하루하루를 살아가고 있다. 저자가 마음과 관련한 대학 강의를 2011년부터 시작했으니, 올해가 벌써 10년째인데, 여러 대학 강의 중에서 특히, 타로상담 관련 강의는 해를 거듭할수록 수강생 수가 배가 되는 상황이 벌어지고 있다. 그래서, 몇 년 전부터는 타로 상담 강의에만 시간을 전부 할애해야 하는 상황이 되었다. 시대적 불안감, 보이지 않는 부분의 영향력 등을 더욱 현장에서 실감할 수 있는 부분이었다. 그러나 여기에서 우리는, 인생은 우리가 설계해 나가는 것이며 현재 상태에서 완전히 결정되어있는 것이 아니라는 중요한 사실을 간과하고 있다. 저자가 대학 강의를 하기 전인 십수 년 전만하더라도 타로는 단순히 점(占)이라고 여겨져 왔다. 점(占)이라는 것은 팔괘·오행·육효 따위의 방법으로 앞날의 운수·길흉·화복 따위를 미리 판단, 예측하는 일이다. 타로도 물론 이 점(占)이라는 방법을 통해 미래를 예측할 수 있다. 하지만, 타로카드는 미래를 예측할 수 있을 뿐 아니라, 그 과정을 바꿈으로써 밝은 미래를 설계할 수 있다는 점이 특징이다.

유니버셜웨이트 타로카드를 공부한 많은 독자나 수강생이 있을 것이니 유니버셜웨이트 타로카드를 사용하여 이것의 예를 간단히 들어본다.

| 현재 | 진행 | 미래(3개월 후) |

위 쓰리 카드 배열은 현재-진행-3개월 후의 흐름이다.

현재 새로운 의지로 시작의 열정을 불태우고 있고, 앞으로의 진행은 앞만 보며 불철주야 전진, 활동하게 되는 흐름이다. 하지만, 3개월 후에는 몰락, 큰 변화를 맞이하는 안타까운 상황으로 진행된다. 위 카드를 살펴본 독자라면 3개월 후의 결과가 아주 부정적이므로 현재 일을 추진하지 않은 경우라면 시도조차 하지 않을 것이며, 현재 일을 추진한 상황이라면 중도 포기하는 경우가 벌어질 수도 있다. 3개월 후의 결과가 카드가 알려준 대로 정해져 있다면 말이다.

하지만, 타로점과 달리 타로상담에서 진행하는 방법은 차이가 있다. 3개월 후의 결과가 부정적이므로, 진행의 〈전차카드〉에 해당하는 과정을 변화시켜 미래의 〈탑카드〉를 변화시킬 수 있는 상담을 진행하게 된다. 실전 상담의 예를 들면 다음과 같다. "너무 앞만 보고 달리시게 되는군요. 주위를 고려하지 않는 자기만의 일방적인 진취성은 3개월 후 큰 부정적인 결과를 불러올 수 있습니다." 그렇다면 이럴 경우, 미래를 긍정적으로 변화시키기 위해서 어떻게 조언&코칭을 해야 할까? 그렇다. 진행 즉, 과정상의 문제가 있었기에 그에 따른 미래(3개월 후)의 흐름이 따라오는 것이다. 타로상담에서 가장 중요한 목표는 과정에 해당하는 문제점을 찾아 변경, 조정하여 긍정적인 미래를 설계한다는 것이다. "너무 앞만 보고 달리시는군요. 세상은 혼자만의 힘으로 나아가기 어렵습니다. 혼자서 살아갈 수 있는 곳도 아니고요. 내담자분의 주위를 둘러보아 미처 보지 못한 부분, 소홀했던 부분에 대해 서로 조화, 균형을 이루며 나아감이 중요합니다." 내담자가 상담자의 조언 & 코칭을 성실히 수행했다면 3개월 후의 미래 카드로 탑카드는 더 이상 나오지 않을 것이다.

아마도 아래와 같이 인생의 흐름이 바뀌지 않을까~

| 현재 | 진행 | 미래(3개월 후) |

위에서 살펴본 대로 타로카드는 상담으로 진행해야 한다. 점으로 생각하여 결과만을 예측한다면 절대로 큰 오류에서 벗어나지 못할 것이다.

인생을 살면서 우리는 인생의 궤도를 순행하길 원한다. 그 궤도는 적당한 폭이 있어 큰 무리가 없는 한, 인생의 목표를 달성할 수 있다. 하지만, 삶이라는 것이 욕심이나 오류를 범하는 등 항상 여러 변수가 작용하여 안정적인 궤도를 이탈하게 될 수도 있다. 이럴 때, 우리는 타로카드를 통해 흐름을 정확히 파악하고 문제 상황을 점검, 오류를 바로잡음으로써 다시 정상 궤도를 순행할 수 있는 것이다.

(2) 타로카드의 상징

타로카드는 우리에게 직접 "~을 해라"라고 말을 해주지 않는다. 타로카드는 우리의 마음에 은은한 느낌, 감정으로 와 닿는다. 여기에는 원형이라는 의미도 포함된다.

빨간색을 생각하거나 직접 보면, 어떤 느낌, 감정, 언어가 생각나는가? 아마도 정열, 뜨거운 느낌, 강렬한 감정, 열정, 활동, 피 등이 생각날 것이다. 이것은 꼭 빨간색이라는 의미를 학습하지 않았더라도, 전 세계 사람들이 비슷한 상황일 수 있다. 이것이 원형이다. 바로 원형이란, 우리가 태어날 때부터 우리 마음에서 서로 연결되어 있는 근본적인 상징을 의미한다.

다음 두 장의 바보카드를 살펴보자.

유니버설웨이트 바보 마르세이유 바보

왼쪽의 카드는 유니버셜웨이트 타로카드의 바보카드이고 오른쪽은 마르세이유 타로카드의 바보카드로, 이미지는 서로 다르다. 다만 봇짐을 메고 있다는 것과 개 또는 짐승이 주변에 있다는 것, 앞으로 나아가려고 한다는 점 등이 공통된 이미지이다. 이 두 장의 카드를 보면 공통적으로 어떤 느낌, 감정 또는 어떤 언어가 생각나는가? 자유롭다, 얽매임이 없다, 솔직하다, 무계획, 좌충우돌 등일 것이다.

그러면 이제 마르세이유 바보카드 이미지만의 독특함을 간단히 살펴보자. 크게 2가지를 살펴볼 수 있다.

첫째는 방울이다.

바보의 옷을 자세히 살펴보면 상단 상의 부분에 방울이 달려 있으며, 허리에도 방울 달린 허리띠를 착용하고 있다. 방울은 어떤 상징적 의미를 가질까? 또, 방울하면 어떤 것이 생각날까?

아마 독자들 대부분 방울은 딸랑딸랑 소리를 낸다는 것과 '고양이 목에 방울 달기'라는 속담 등을 생각할 것이다.

그렇다면 여기에 조금만 카드와 연관하여 의미를 생각해보자. 방울이 딸랑딸랑 소리를 내는 상징적 의미라면 주인공 바보는 즐겁고 명쾌한 분위기를 추구하는 사람일 것이며, 이런 즐거움과 명쾌함으로 인해 상대에게 나의 위치를 모두 알리는 어리석음을 범하게 된다. 그래서 마르세이유 타로카드의 바보카드에는 즐거움 추구, 명쾌함이라는 의미와 어리석음, 무지라는 의미도 포함되는 것이다.

조금 더 확장해보자.

상단 상의 부분 방울의 컬러는 다양하나, 허리에 달린 방울의 컬러는 노란색으로 동일하다. 상의 부분은 정신적인 영역에 이르기 쉬우며, 허리 부분은 행동적인 부분과 정신적인 부분의 연결 부분이다. 또, 컬러의 다양함은 여러 상황적 적응, 쾌락을 의미하며, 허리띠는 제한, 노란색은 안정·지적인 영역을 의미한다. 이것을 연결해보자. 정신적으로는 쾌락, 즐거움을 추구하나 안정적이고 지적인 영역에 있어서는 제한을 받는 주인공이 바로 바보의 주인공인 것이다.

두 번째는 수저 봇짐이다.

우리는 1박 2일만 여행을 간다고 해도 캐리어에 온갖 잡동사니까지 잔뜩 넣어 다녀온다. 하지만 바보의 주인공은 언제 끝날 줄 모르는 인생의 여정에서 단순히 필수품만을 넣은 봇짐을 메고 여행을 출발한다. 이 부분은 어떤 상징적 의미가 있을까? 욕심 없는 검소한 사람을 의미할 수도 있고, 무계획으로 행동만 앞서는 사람을 의미할 수도 있다. 봇짐에서 눈여겨볼 이미지는 수저 봇짐이라는 것이다. 단순한 막대기가 아닌 수저로 봇짐을 매달고 있다는 점이다. 수저의 상징적 의미는 무엇일까? 의식주에서 식(食)과 연관된 부분으로 최소한의 생계를 유지하기 위한 요소일 것이다. 즉, 수저 봇짐은 욕심 없음, 최소한의 기본적인 소유를 의미하는 상징이다.

이런 상징은 직접적인 언어로 전달되지 않고 색상을 포함한 이미지 등 포괄적인 의미로 다가온다. 따라서 의미하는 바가 무궁무진하고 그 상징을 보는 상담자, 내담자에 따라서도 달리 해석될 수 있으며, 상황에 따라서도 달리 해석될 수 있다. 그래서 동일한 질문에 똑같은 카드가 나왔다 하더라도 각 내담자의 상황이 상이하기 때문에 달리 해석되는 것이다.

따라서, 상징은 타로카드 상담 전문가가 되기를 원하는 독자나 수강생이라면 타로카드의 종류를 불문하고 반드시 우선적으로 공부하여 이해해야 할 영역이다.

2. 마르세이유 타로카드의 역사 및 의의

타로카드는 신비로움을 간직한 채 수백 년 동안 계승되어 오면서 잊혀지거나 쇠퇴하기는커녕 오히려 태초의 신비로운 비의를 찾기 위해 더욱 연구가 활발하게 이루어지고 있으며 신비주의 연구자들 등에 의해 더욱 큰 발전을 이루며 우리의 삶 속에서 광명을 비춰 주고 있다.

21세기를 살아가고 있는 우리는 타로카드의 발전과 신비로움에 대해서 많이 알아가고 있지만, 명확한 기원에 대해서는 알려지지 않아 모두의 궁금증을 자아내고 있다.

78장의 체계를 유지하고 있는 현존하는 가장 오래된 카드는 1400년대 비스콘티 타로카드이지만, 몇 장의 카드가 유실되어 후대에 새롭게 보완, 복원되었다는 것이 상당히 아쉬운 점이다. 이런 아쉬움을 뒤로 하고, 현존하는 78장의 완벽한 체계를 이루고 있는 카드는 명실상부 마르세이유 카드이기 때문에 이런 점에서 큰 의미가 있다.

17C~18C 전후 이탈리아와 프랑스에서는 목판 등을 사용하여 기존 수작업에서 벗어나 타로카드가 대량으로 만들어졌으며, 수세기 동안 프랑스 남부 마르세이유에서는 카드 제작이 광범위하게 이루어졌다. 그리고 대량 인쇄된 카드들은 프랑스 남부지역의 이름을 따서 마르세이유 패턴이라고 불린다. 마르세이유 카드의 패턴 중에서 우리가 사용하고 있는 정통 마르세이유 카드의 기준은 니콜라스 콩베르(마르세이유, 1760)이다.

프랑스 국립도서관에 소장되어 있는 18C~19C 연도별 마르세이유 타로카드의 이미지[1]는 다음과 같다.

1743~1753 [2]   1760 [3]   1809~1833 [4]

〈그림1〉 연도별 마르세이유 타로카드

여기에서 많은 사람이 잘못 알고 있어 유의할 부분이 있다. 우리가 사용하고 있는 정통 마르세이유 카드의 모체를 니콜라스 콩베르(마르세이유,1760)에 두고 있다는 말은 1760년에 니콜라스 콩베르에 의해 제작되었다는 것을 의미하는 것이 아니다. 니콜라스의 출생연도를 보아도 알 수 있듯이 1760년도의 이미지를 기초로 니콜라스에 의해 제작, 사용된 기간이 1809~1833년이라는 것이다.

---

1 출처 : BnF, Bibliothèque nationale de France(프랑스 국립도서관). 마르세이유 타로카드 상담전문가 출판은 Bnf(프랑스 국립도서관)와 정식 계약 체결을 통해 출판되었음.

2 [마드모아젤 르노르망의 친필 점술 메시지를 포함한 이탈리안 패턴의 "마르세이유" 타로카드] : [카드, 판화]. 1734~1753.

3 [이탈리안 패턴의 "마르세이유" 타로카드] : [카드, 판화]. 1760.

4 콩베르, 니콜라스 (1784~1833). 조각가. ["콩베르 타로"라고 불리는 이탈리안 패턴의 카드] : [카드, 판화]. 1809~1833.

마르세이유 카드는 현대 타로카드의 근원, 시조라는 엄청난 의미를 갖는다. 시대가 변하고 과학 문명이 발달함에 따라, 아서 에드워드 웨이트 등의 신비주의 타로연구자들에 의해 카드에 숨겨 있는 비의가 연구되어 왔다. 그러면서 이미지의 세밀화, 색채의 다양화로 쉽게 대중에게 접근할 수 있는 카드들이 제작되었고, 누구나 타로카드의 이미지를 보고 어렵지 않게 무엇을 의미하는지 대략적인 키워드를 파악할 수 있게 되었다. 대표적인 카드가 아서 에드워드 웨이트가 창안해낸 웨이트 계열의 카드들이다. 타로카드의 역사에서 웨이트 계열의 카드는 클래식과 모던을 구분하는 하나의 획을 긋게 되었다. 그리고 이 웨이트 계열의 카드의 지침이 된 것이 마르세이유 카드이다. 따라서, 마르세이유 카드는 타로카드의 시조이며 조상, 어머니라고 할 수 있는 큰 의미를 지니고 있는 것이다.

3. 타로카드의 구성

마르세이유 타로카드는 메이저카드 22장과 마이너카드 56장, 총 78장으로 구분된다.

카드 전체의 이미지를 보면 금방 알 수 있겠지만, 메이저카드는 인물이나 주인공들로 구성된 이미지이고, 마이너카드는 4개(완드/바통, 컵/쿠푸, 소드/에페, 펜타클/드니에)의 슈트로 구성된 카드이다.

(1) 메이저카드

메이저카드는 삶의 큰 틀을 의미하는 카드들로 사용되기도 하며, 상담의 대상과 직접적으로 연관된 카드들로 사용되기도 한다.

특히, 유니버셜웨이트 카드와 유의해서 살펴봐야 할 부분은 바보카드에는 넘버가 없다는 점과 정의카드가 8번에, 힘카드가 11번에 위치한다는 점이다. 마르세이유 타로카드와 유니버셜웨이트 타로카드의 비교는 뒤에서 자세히 살펴보도록 하자.

메이저카드는 22장으로 구성되며 전체 카드의 이미지는 다음과 같다.

(2) 마이너카드

마이너카드는 완드/바통, 컵/쿠푸, 소드/에페, 펜타클/드니에 4개의 슈트로 구성된 카드로 각각의 슈트 카드는 해당 슈트 1개가 그려진 카드부터 10개가 그려진 카드까지 총 10개의 카드에, 해당 슈트와 4계층의 인물이 연계되어 그려진 카드 4장을 더하여 총 14장씩으로 구성되어 있다.

4개의 슈트가 각 14장씩 배열되니, 총 56장으로 마이너카드가 구성된다. 이 4개의 슈트는 4원소라는 물질과 연관되어 있는데, 4원소는 불, 물, 공기, 흙을 말하며 이는 실제 물질이 아니라 고대 그리스 철학에서부터 시작되어 서양의 연금술, 점성술로 이어지며 전해 내려온 철학적 4원소의 개념이다. 4원소는 인류 역사의 수 천 년 동안 과학, 철학에서 중요한 핵심적 역할 수행을 해왔고 고대로부터 물질세계를 이루는 기본 구성 요소로 인식되어 왔다. 우리가 사는 물질 세상을 이루는 네 가지의 커다란 속성을 각각 자연의 물질로 비유한 것이며, 각 원소는 각각의 특성을 가지고 있다.

이렇게 세상을 구성하는 요소로 인식되어왔던 4원소는 인간의 삶에 깊숙이 녹아있고 보이지 않는 큰 영향을 미치고 있다. 특히, 타로카드가 제작된 당시의 신비주의와 연결되어 비의적인 의미를 함축하며 타로카드 속에 상징적 의미로 자리 잡고 있다. 현대 과학의 발전으로 눈부신 과학 문명의 빛을 발하고 있는 현대사회에서도 여전히 4원소는 인간을 구성하는 마음에 중요한 심리적 영향력을 미치고 있다.

이런 4원소의 특성을 이해하고 타로카드와의 신비스러운 연계를 파악할 수 있다면 타로상담전문가로서 그 역량을 높일 수 있을 것이다.

① 완드(WANDS)/바통(BATON)

완드는 불(火)의 슈트이다.

불의 원소는 뜨겁고 건조하며 상승성과 확장성을 소유하고 있다. 그래서 불의 원소는 열정적이며 즉흥적이다. 또한, 대담하며 능동적이다. 하지만, 무모할 수 있으며, 시작을 하고도 컨트롤 부족으로 마무리를 하지 못할 수도 있다. 따라서 불의 원소는 행동에 있어 신중함이 필요하다. 일반적으로 완드는 열정, 의지, 에너지, 잠재력과 직접적인 연관이 있다.

완드에 해당하는 14장의 카드 이미지는 다음과 같다.

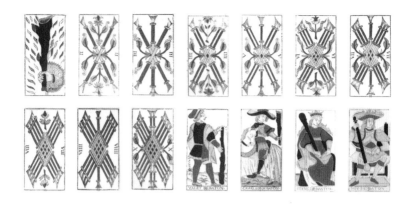

② 컵(CUPS)/쿠푸(COUPE)

컵은 물(水)의 슈트이다.

물의 원소는 차갑고 습하며 하강성과 응집성을 소유하고 있다. 그래서 물의 원소는 감성적이다. 또한, 낭만적이다. 하지만, 지나치게 감상적이고 우유부단할 수 있으며, 감정에 휩쓸릴 수 있다. 따라서 물의 원소는 감정에 너무 치우쳐서 현실을 간과할 수 있으므로 유의해야 한다. 일반적으로 컵은 감정, 사랑, 연민, 관계, 우정과 직접적인 연관이 있다. 컵에 해당하는 14장의 카드 이미지는 다음과 같다.

③ 소드(SWORDS)/에페(EPEE)

소드는 공기(風)의 슈트이다.

공기의 원소는 뜨겁고 습하며 유동성과 확장성을 소유하고 있다. 그래서 공기의 원소는 민첩하며 논리적이다. 또한, 임기응변에 능하며 긍정적이다. 하지만, 생각만 많을 수 있으며, 민감할 수도 있다. 따라서 공기의 원소는 행동에 있어 신중함과 현명함이 필요하다. 일반적으로 소드는 사고, 논리, 갈등, 판단력, 지식, 지성, 투쟁, 이성과 직접적인 연관이 있다.

소드에 해당하는 14장의 카드 이미지는 다음과 같다.

④ 펜타클(PENTACLES)/드니에(DENIERS)

펜타클은 흙(地)의 슈트이다.

흙의 원소는 차갑고 건조하며 안정성과 유지성을 소유하고 있다. 그래서 흙의 원소는 믿음직하며 차분하다. 하지만, 지루하고 답답하며 융통성 부족으로 변화에 적응이 어려울 수 있다. 따라서 흙의 원소는 적절한 조화와 조절, 분배를 통해 효과적인 사용이 필요하다. 일반적으로 흙은 돈, 경제, 물질, 기반환경, 명예, 직업과 직접적인 연관이 있다.

펜타클에 해당하는 14장의 카드 이미지는 다음과 같다.

Number 5

Number 6

위의 카드에서 우리는 중요한 한 가지를 파악할 수 있다.

바로 에너지의 방향성이다.

완드(WANDS)/바통(BATON)과 소드(SWORDS)/에페(EPEE)는 양의 에너지를 가지므로 적극적이고 능동적이다. 컵(CUPS)/쿠푸(COUPE)와 펜타클(PENTACLES)/드니에(DENIERS)는 음의 에너지를 가지므로 소극적이고 수동적이다. 마르세이유 타로카드에서는 비밀스럽게 이 부분을 암시하고 있다. 숫자를 자세히 살펴보자. 완드(WANDS)/바통(BATON)과 소드(SWORDS)/에페 (EPEE)는 내부에서 외부로의 발산을 의미하듯 V, Ⅵ를 왼쪽으로 90도 틀어 표시하였으나, 컵(CUPS)/쿠푸(COUPE)는 외부에서 내부로의 수렴을 의미하듯 V, Ⅵ를 오른쪽으로 90도 틀어 표시 하였다. 펜타클(PENTACLES)/드니에(DENIERS)는 현실적인 부분과의 직접적인 연계로 숫자 표시는 생략되었으나, 만일 숫자를 표시했다면 컵(CUPS)/쿠푸(COUPE)와 마찬가지로 외부에서 내부로의 수렴을 의미하듯 V, Ⅵ를 오른쪽으로 90도 틀어 표시하였을 것이다. 마르세이유 카드는 이런 카드 안의 숫자를 포함한 이미지에도 비밀스러움을 간직하고 있다.

4. 마르세이유 타로카드와 유니버셜웨이트 타로카드의 비교

정통 클래식 타로카드의 대표 카드인 마르세이유 카드와 모던 타로카드의 대표 카드인 웨이트 계열의 카드를 비교해보면 전반적인 타로카드의 변천을 쉽게 파악할 수 있다.

대표 카드들의 이미지를 살펴보자.

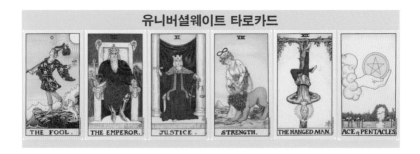

두 카드를 마르세이유 타로카드의 입장에서 비교하면 다음과 같다.

1. 두 카드 모두 78장의 카드로 구성되어 있다.

마르세이유 타로카드와 유니버셜웨이트 타로카드 모두 메이저 카드 22장, 마이너카드 56장, 총 78장으로 구성되어 있다. 물론, 마이너카드에서 숫자카드와 인물카드의 개수 또한 동일하다.

2. 이미지와 색채에 있어 확연한 차이가 있다.

마르세이유 타로카드는 인쇄 기술이 발달하기 전이라 카드 속 주변 이미지의 세부적인 표현이 거의 없으며 색채가 단순, 투박한 반면에 유니버셜웨이트 카드는 주변의 이미지가 세부적으로 표현되었고, 색채가 세련되고 화려하다.

이것은 해석에 있어 마르세이유 타로카드에서는 수비학 등의 비의적인 의미 파악이 필요하며, 유니버셜웨이트에서는 물론, 비의적인 의미를 습득하고 있다면 금상첨화이겠으나 단순히 이미지만 파악하여도 어느 정도의 의미를 파악할 수 있다는 점을 보여주고 있다.

3. 숫자 표기의 차이

두 가지 큰 차이를 살펴볼 수 있다. 먼저, 바보카드를 살펴보면 마르세이유 타로카드에는 숫자 표시가 없는 반면 유니버셜웨이트 타로카드에는 0이라는 숫자가 아라비아 숫자로 표기되어 있다. 또한, 마르세이유 타로카드에는 숫자 4를 표기할 경우 유니버셜웨이트 타로카드처럼 Ⅳ라는 로마자를 사용하지 않고 Ⅰ을 옆으로 하나씩 더해 ⅠⅠⅠⅠ (Ⅰ+Ⅰ+Ⅰ+Ⅰ=ⅠⅠⅠⅠ)로 표기했다.

4. 카드의 순서

마르세이유 타로카드에서 정의카드가 8번, 힘카드가 11번에 위치하지만 유니버셜웨이트 타로카드에서는 힘카드가 8번, 정의카드가 11번에 위치한다. 이는 마르세이유 타로카드가 만들어진 후, 후대에 이르러 아서 에드워드 웨이트 등의 연구에 의해 신비주의의 영향력이 웨이트계열의 카드에 반영된 결과이다.

5. 특별한 표시

두 가지 특별한 표시를 찾을 수 있다. 먼저, 마르세이유 타로카드를 자세히 살펴보면 6번 연인카드, 8번 힘카드 등의 제목 부분에 바코드 표기가 있다. 이는 신비로운 비의적인 표현이며, 단순히 현대의 바코드 사용을 뛰어넘는 부분이라 할 수 있다. 또한, 마르세이유 타로카드의 도안에는 II번 카드 π, XII 숫자의 치우침처럼 비의적인 부분이 내포되어 있다. 이는 여전히 풀어나가야 할 마르세이유 타로카드의 신비로움이다.

5. 마르세이유 타로카드 주인공(대상)의 응시 방향에 의한 특별한 해석 방법

초보자의 입장에서는 카드 한 장, 한 장의 의미를 파악하는 것만으로도 벅찰 수 있다. 하지만, 몇 번의 반복적인 학습으로 타로카드 각 장의 의미를 파악하는 순간을 맞이하게 될 것이다. 그러나 많은 독자나 수련생이 여기에서 모든 공부가 끝난 것이라 잘못 인식하고 공부 과정의 궤도에서 멈추는 안타까운 일이 많이 발생한다.

다행히 겸손하거나 진정한 타로상담전문가로의 큰 목표가 있는 독자나 수강생은 질문을 통해서 그다음 과정을 안내받는다.

타로카드는 한 장, 한 장에 중요한 비의가 숨겨져 있다. 물론 그 한 장, 한 장의 의미를 파악하는 것이 상당히 힘들고 시간도 많이 소요될 것이다.

하지만, 여기에서 간과해서는 안 될 중요한 한 가지가 있다.

바로, 타로카드는 운명의 수레바퀴처럼 서로 맞물려 돌아가고 있다는 것이다.

카드 한 장, 한 장에는 많은 의미가 함축되어 있다. 상담의 상황에서 질문자의 질문에, 바로 그중 어떤 부분을 접목하여 상담해 나가야 할 것인지 결정하는 것은 바로 상담자의 몫이다. 이것이 바로 전문성이다. 똑같은 내담자가 똑같은 질문을 통해 똑같은 카드를 선택했다고 하더라도 A라는 상담자와 B라는 상담자의 상담 내용이 상이한 것은 바로 상담자의 전문성 차이 때문인 것이다. 바꾸어 말하면, 똑같은 질문으로 똑같은 카드가 나왔다 하더라도 상담자에 따라 다른 상담이 이루어지는 것 또한, 전문성의 차이라고 할 수 있다.

카드 한 장, 한 장의 의미를 파악했다면 바로 다음 단계는 카드 간의 연계이다. 카드에는 여러 의미가 있어 카드의 연계 시에는 상이한 상담으로 연결되며, 내담자의 상황이 가미된다면 전혀 다른 개별적인 상담이 진행되는 것이다.

여기에서는 특별하게 마르세이유 타로카드 주인공의 응시 방향에 의한 특별한 해석 방법을 살펴보도록 하자. 이것을 잘 이해한다면 마르세이유 타로카드만의 특별한 상담 노하우를 터득하게 될 것이며 전문적인 타로상담이 가능하게 될 것이다.

위의 세 장의 카드를 살펴보자. 바로 바보카드, 마법사카드, 정의카드이다.

세 장의 여러 차이점 중에 눈에 띄는 특별한 한 가지가 있다. 그렇다. 바로 주인공의 응시 방향이다.

바보카드의 주인공은 응시 방향이 오른쪽이고 적극적으로 나아가는 이미지이다. 반면 마법사카드의 주인공은 응시 방향이 왼쪽이고 무엇인가 갸우뚱하는 표정이며, 정의카드는 응시 방향이 정면(중앙)이고 차분하고 안정적인 이미지를 갖는다.

다음은 앞에서 살펴본 마르세이유 메이저카드 22장의 전체 카드 이미지이다.

앞의 22장의 메이저카드를 응시 방향에 따라 크게 나누어 분류해 본다면, 오른쪽 또는 왼쪽, 정면(중앙)으로 구분할 수 있다. 그

렇다면 과연 이 세 가지 응시 방향은 어떤 독특한 의미들로 정리할 수 있을까? 이미지에 관심이 많은 독자나 수강생은 응시 방향을 쉽게 발견할 수 있었겠으나 그 답을 찾기는 만만하지 않았을 것이다.

바로 이 세 가지의 응시 방향의 특징을 살펴보면 아래와 같다.

오른쪽 응시 방향 카드는 적극적이고 진취적이며 능동적, 혁신적이다.

또한, 안주하기보다는 새로운 변화를 추구한다.

왼쪽 응시 방향 카드는 소극적이고 수동적이며 보수적이다.

또한, 안정을 추구하며 방어적이기도 하다.

정면(중앙) 응시 방향 카드는 양면적이고 중립적이며 의존적이다.

또한, 인내를 추구하며 애매한 표정을 짓기도 한다.

그렇다면 마르세이유 타로카드 22장 전체를 세 가지 응시 방향으로 구분해 보자.

0, 3, 5, 11, 13번은 오른쪽 응시 방향 카드에 해당하고, 1, 2, 4, 6, 9, 14, 17, 18, 21번은 왼쪽 응시 방향 카드에 해당한다.

또, 7, 8, 10, 12, 15, 16, 19, 20번은 정면(중앙)의 응시 방향 카드 또는 분명한 좌, 우 응시 방향이 없는 카드에 해당한다.

여기에서 우리는 오른쪽 방향의 응시 방향 카드는 소수(0 제외)들로 구성되어 있고, 왼쪽 방향의 응시 방향 카드는 합성수(1, 17 제외)로 구성되어 있다는 한 가지 대략적인 규칙성을 찾아볼 수 있다.

메이저카드 22장을 응시 방향에 따라 분류하면 다음과 같다.

오른쪽 응시 방향 카드

왼쪽 응시 방향 카드

위에서 왼쪽 방향을 응시하는 카드는 가운데 주인공의 응시 방향이 왼쪽 방향인 카드들로만 다시 모아볼 수 있다.

왼쪽 방향 & 가운데 주인공의 응시 방향이 왼쪽인 카드

이 카드들은 주인공의 상황적 환경이나 행동 성향을 의미한다.
연인카드를 예로 들어보자.

연인카드의 주인공은 현재의 상황적 환경이 선택의 상황에 처해 있음을 알려주고, 행동 성향은 현실적 안정을 추구하는 성향임을 알려주는 카드이다.

정면(중앙) 또는 명확한 좌, 우 응시 방향이 없는 카드

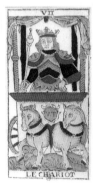   

위의 카드들은, 정면(중앙) 응시 방향 카드 또는 명확한 좌, 우 시선이 없는 카드 또는 세 개의 대상 응시 방향이 나누어지는 카드들이다.

아래 이미지를 보면 알 수 있겠지만 차례로 앞의 4장의 카드가 정면(중앙)의 응시 방향 카드이고, 뒤의 4장의 카드가 대상의 응시 방향이 나누어지는 카드이다.

정면(중앙) 방향의 응시 방향 카드

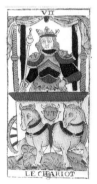   

정면(중앙)의 응시 방향 카드는 양면성을 소유하고 있다.

전차카드를 예로 들어보자.

전차카드는 성공, 목표 달성을 위해 내달려야 하는 적극성과 아래 두 마리의 말을 컨트롤하여 조화를 이끌어야 하는 양면성을 소유하고 있는 카드이다.

응시 방향이 나누어지는 카드

대상의 응시 방향이 나누어지는 카드는 보통 삼각 구도로 구성되며, 서로 연결되어 종합적인 상황 파악이 중요한 카드이다.

악마카드에서의 구속과 신전카드에서의 해방, 태양카드에서의 협력과 심판카드의 결과로 연결된다.

이상 마르세이유 타로카드에서 주인공(대상)의 응시 방향에 의한 특별한 해석 방법을, 주인공 인물이 강조된 카드만으로 분류해보면 다음과 같다.

응시 방향 & 주인공 인물이 강조된 카드

또한, 이 카드들을 응시 방향을 구분지어 분류해보면 다음과 같다.

오른쪽 응시 방향 & 주인공 인물이 강조된 카드

왼쪽 응시 방향 & 주인공 인물이 강조된 카드

이런 분류는 여러 가지로 해석을 할 수 있고, 실전 상담에 고급 기법으로 적용할 수 있다.

두 가지 정도만 예를 들어본다.

(1) 오른쪽 응시 방향 & 주인공 인물이 강조된 카드는 0, 3, 5, 11, 13번으로 소수(0 제외)로 구성되어 있고, 왼쪽 응시 방향 & 주인공 인물이 강조된 카드는 1, 2, 4, 9, 14번으로 합성수(1 제외)로 구성되어 있다.

(2) 오른쪽 응시 방향 & 주인공 인물이 강조된 카드와 왼쪽 응시 방향 & 주인공 인물이 강조된 카드를 세로(상하) 구조로 대응시켜 보면 심오한 의미를 갖는다.

바보와 마법사, 여황과 고위 여사제, 교황과 왕, 힘과 은둔자, 무명과 절제카드가 대응이 될 것이다. 이 카드들의 대응은 바보카드와 마법사카드를 예로 들어보면, 바보카드의 주인공이 개성있는 사고로 기발한 아이디어와 독특함을 추구하며 나아가는 사람이라면 마법사카드의 주인공은 탁월한 아이디어, 능력을 현실 상황에 접목하여 추구하는 사람이라고 할 수 있다.

저자가 대학 강의나 연수 강의에서 늘 수강생에게 강조하는 부분이 시각의 확장이다.

　즉, 카드 배열을 예로 든다면 가로 상의 흐름만을 파악하는 것은 누구나 할 수 있다. 가로와 세로의 종합적인 연계를 통해 비교, 분석할 수 있는 시각을 갖도록 노력하는 것이 중요하다.

　앞에서 언급한 대로 이 응시 방향에 따른 특성을 완벽히 이해하고, 실전 상담에 지혜롭게 접목한다면 마르세이유 타로카드 상담 전문가로서 전문화된, 파워풀한 능력을 소유하게 될 것이며, 다양한 고급 상담의 기법을 상담에서 적용, 사용할 수 있을 것이다.

6. 타로카드 실전 배열법

여기에서는 타로카드 상담에서 종합능력이 필요한 실전 배열법을 살펴본다. 실전 배열법을 위한 기본 정석 이론이니만큼 어려울 수 있으나 하나하나 따지고 마음속에 새겨가며 잘 이해해야 할 필요성이 있다. 종합적인 실습을 위한 실전 배열법은 〈제3편 마르세이유 타로카드 실전 상담(사례 101가지)〉에서 전문가들의 실전 상담을 통해 자세히 살펴보도록 하자.

(1) 기본 배열법 – 쓰리 카드 배열법
① 응시 방향에 의한 전문 상담 방법
응시 방향에 의한 전문 상담 방법은 첫 번째 선택된 카드를 가운데 배치함으로써 한 쪽 방향으로 치우침을 방지하고 양방향으로 나아갈 수 있는 환경을 조성한다.

이 배열법은 메이저카드와 마이너카드를 동시에 사용하지 않고 구분하여 사용하는 방법이다. 즉, 메이저카드와 마이너카드를 분리하여 셔플한 후, 각각 따로 배열한다. 카드해석의 배열 순서는 2-1-3의 방식을 따른다.

메이저카드 22장 중 3장을 선택하여 2-1-3의 순서로 의미를 간단히 파악하고, 그 밑에 마이너카드 56장 중 3장의 카드를 마찬가지 2-1-3(5-4-6) 순서로 배열한다. 총 6장의 카드를 배열한 후 메이저카드에서의 응시 방향, 마이너 카드에서의 연계성을 잘 파악하며 리딩, 상담한다. 물론, 전체 6장을 모두 스프레드 한 후, 전체적인 의미를 파악할 수도 있다.

② 응시 방향에 의하지 않는 일반적인 상담 방법

응시 방향에 의하지 않는 일반적인 상담 방법은 시간의 흐름에 의한 순차적 배열 방법을 사용한다. 첫 번째 선택된 카드를 첫 번째(가장 왼쪽)에 배치함으로써 한쪽으로 시간적 흐름에 확장하여 나아갈 수 있는 환경을 조성한다.

1) 메이저카드와 마이너카드의 구분 사용에 의한 방법

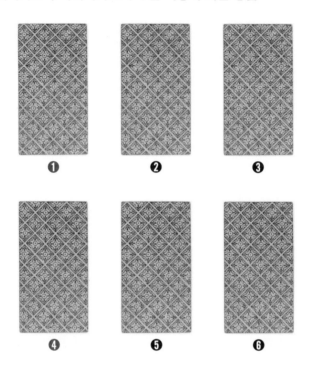

이 배열법은 위에서 언급한 사항과 동일하게 메이저카드와 마이너카드를 동시에 사용하지 않고 구분하여 사용하는 방법이다. 즉, 메이저카드와 마이너카드를 분리하여 셔플한 후, 각각 따로 배열한다. 카드해석의 배열 순서는 1-2-3의 방식을 따른다.

메이저카드 22장 중 3장을 선택하여 1-2-3의 순서로 의미를 간단히 파악하고, 그 밑에 마이너카드 56장 중 3장의 카드를 마찬가지 1-2-3(4-5-6) 순서로 배열한다.

총 6장의 카드를 배열한 후 카드 간의 종합적인 관계를 잘 파악하며 리딩, 상담한다.

물론, 전체 6장을 모두 스프레드 한 후, 전체적인 의미를 파악할
수도 있다.

2) 메이저카드와 마이너카드의 동시 사용에 의한 방법

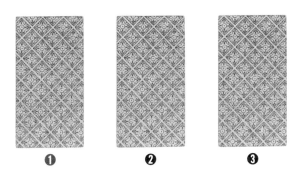

이 방법은 일반적인 쓰리 카드의 배열이라고 생각하면 된다. 한
장의 카드를 배열하는 원카드 배열은 너무나 광범위한 방향성을
함축하고 있기에 일반적으로 기본 배열이라고 하면 3장을 선택
하는 쓰리 카드 배열을 의미한다. 마르세이유 타로카드에서도 기
본배열법은 쓰리 카드 배열을 사용한다.

전체 78장의 카드 중 3장을 선택하여 1-2-3의 순서로 배열하
고 카드 간의 연계성을 종합적으로 확장하며 리딩, 상담한다.

(2) 기초 배열법

① 원카드 배열법

원카드 배열법은 간단명료한 결과를 요구하거나 긍정과 부정의 양면적 상황을 파악할 때 많이 사용하여 상담을 진행하는 방법이다.

이 원카드 배열법은 간단명료하게 질문의 해석을 이끌 수 있다는 장점이 있지만, 한 장의 카드로는 방향이 애매하고 포괄적이라 전문상담가들도 쉽게 정확히 해석하기가 어려울 수 있다는 단점이 있다. 하지만, 타로카드를 처음 공부하는 수강생들은 원카드 배열법으로 상담 실습을 진행한다. 한 장만의 카드 해석에 애매함으로 인해 어려움이 있으면서도 초보자 실습에 원카드 배열법을 사용하는 이유는 무엇일까?

그 이유는 세 장을 선택하는 쓰리 카드 기본 배열법을 사용하면 실습의 효과를 더 높일 수 있겠으나, 한 장의 해석도 어려운데, 세 장의 해석을 정확히 하는 것은 너무나 어려운 일이기 때문이다. 먼저 한 장, 한 장의 상담 실력을 배양하고 기본배열법인 쓰리 카드 상담을 진행하는 것은 바로 이런 이유 때문이다.

방법은 아주 간단하다. 내담자의 질문이 주어지면 질문에 집중

하여 셔플-스프레드의 방법[5]을 거쳐 한 장의 카드를 뽑는다.

선택한 한 장의 카드를 내담자의 상황, 질문과 연계하여 해석, 리딩한다.

② 선택 배열법

인생은 선택의 연속이라고 할 수 있다.

지금 이 순간에도 이 책을 읽는 독자들은 계속 이 책을 읽어야 할지, 다른 것을 해야 할지 선택의 순간에 놓여 있을 것이다. 이렇게 선택의 순간에 사용할 수 있는 배열법이 선택배열법이다.

두 장을 선택하여 상담을 진행할 수도 있지만, 기본적인 상황을 파악하기 위해서는 각 선택에 세 장씩의 카드가 필요하다.

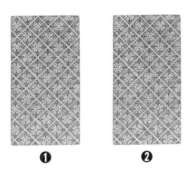

❶   ❷

1) 현재의 상황이 동일한 경우

현재의 상황이 동일한 경우에는 현재 상황에 한 장의 카드가 동일하게 사용되니, 5장의 카드를 선택하여 선택배열법을 사용할

---

5 타로상담의 5요소는 질문-셔플-스프레드-리딩-조언&코칭이다. 유나버셜웨이트 타로카드의 내용을 집대성한 최옥환(필명, 최지원) 대표 저자 외의 〈타로카드 상담전문가(해드림출판사)〉 책을 정독한다면, 어설픈 강의를 수년 받는 것보다 훨씬 높은 타로상담 실력을 쌓을 수 있을 것이다.

수 있다. 각 카드의 역할, 임무는 현재, 진행, 미래의 상황(흐름)으로 파악하면 된다. 물론, 세 장의 역할은 변경, 응용하여 상담에 적용할 수 있다.

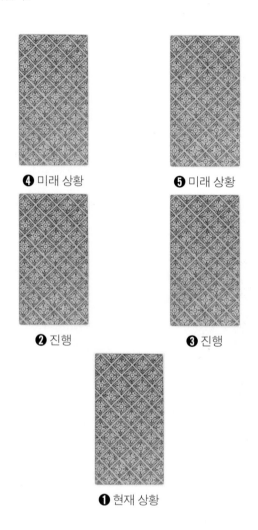

❹ 미래 상황　　　　　　❺ 미래 상황

❷ 진행　　　　　　❸ 진행

❶ 현재 상황

2) 현재의 상황이 상이한 경우

현재의 상황이 상이한 경우에는 현재 상황에 한 장씩의 카드가 상이하게 각각 사용되니, 6장의 카드를 선택하여 선택배열법을 사용할 수 있다. 현재의 상황이 동일한 경우와 마찬가지로 각 카드의 역할, 임무는 현재, 진행, 미래의 상황(흐름)으로 파악하면 된다. 물론, 세 장의 역할은 변경, 응용하여 상담에 적용할 수 있다.

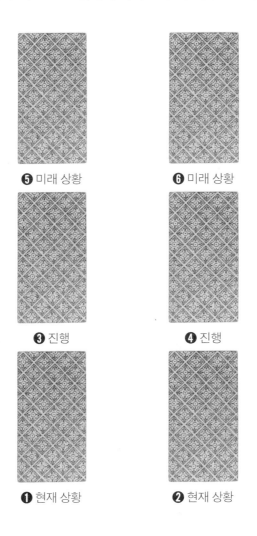

❺ 미래 상황   ❻ 미래 상황

❸ 진행   ❹ 진행

❶ 현재 상황   ❷ 현재 상황

(3) 중급 배열법

① 매직세븐 배열법

대부분의 내담자들은 현재의 문제상황을 해결하기 위한 목적으로 타로카드 상담을 진행한다고 해도 과언이 아니다. 매직세븐 배열법은 삶의 흐름에 따라 과거-현재-미래의 흐름도 파악하며 해결책을 통해 얻을 수 있는 영향력, 장애물도 파악할 수 있다는 장점이 있다.

정방향 삼각형과 역방향 삼각형의 결합이 이루어지는 형태이다.

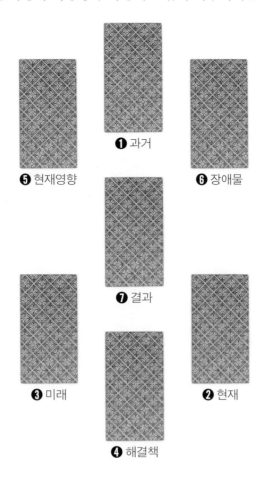

❶ 과거

❺ 현재영향　　❻ 장애물

❼ 결과

❸ 미래　　❷ 현재

❹ 해결책

② 매직크로스 배열법

매직크로스 배열법은 현재에 이르기까지의 과거의 상황들을 자세히 파악하고, 현재의 상황을 방해하는 것이 무엇인지를 파악할 수 있다. 또한, 희망과 기대를 파악할 수 있으며, 미래의 상황을 자세히 살펴볼 수 있는 배열 방법이다.

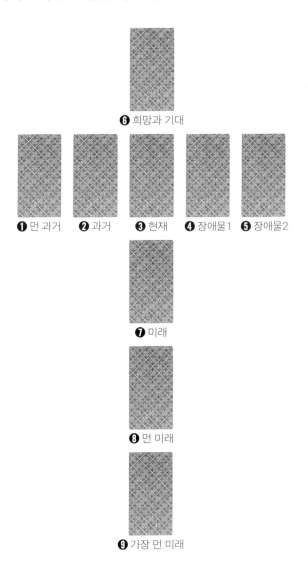

❻ 희망과 기대

❶ 먼 과거　❷ 과거　❸ 현재　❹ 장애물1　❺ 장애물2

❼ 미래

❽ 먼 미래

❾ 가장 먼 미래

③ 이너 배열법

이 배열법은 테두리 안에 위치해 있는 배열법이라 이너 배열법이라고 한다. 이너 배열법은 관계배열법으로, 자신뿐만 아니라 상대방의 마음과 주변의 평가도 나타나므로, 대인관계가 어떻게 풀릴 것인지 알아볼 때 사용하는 유용한 배열법이다.

9장의 카드를 뽑아 배열하여 그중 ❷, ❹, ❺, ❻, ❽번, 5장만을 오픈하는 배열법이다.

번거로움을 덜기 위해 ❷, ❹, ❺, ❻, ❽번, 5장만을 선택하면 안 되느냐는 질문이 늘 강의 때마다 따라온다. 그러나 ❶, ❸, ❼, ❾번의 4장이 그들의 위치를 자리 잡기 때문에 ❷, ❹, ❺, ❻, ❽번 카드가 본연의 역할을 수행하게 되는 것임을 기억해야 한다.

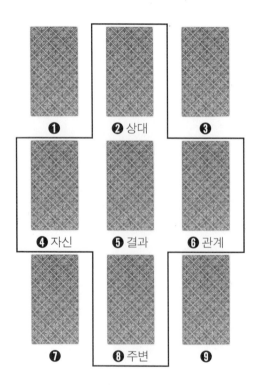

④ 시계 배열법

시계 배열법은 원형 시계의 형태와 비슷하다고 하여 붙여진 이름이다. 원형시계의 1시 방향에 1번의 카드가 배치되고, 12시 방향에 12번의 카드가 배치된다.

본래 12라는 수는 신성한 수로 1년을 12개의 달로 구분을 하고, 별자리도 12별자리로 구성된다. 그리고 1부터 12까지를 모두 더하면 78이라는 타로카드의 구성 수가 나온다.

타로카드에 대한 자세한 수비학의 이야기는 〈제2편 마르세이유 타로카드 세부분해 2.수비학 개론 (2)수비학의 세부분해〉와 『타로카드 상담전문가(해드림출판사)』를 참고하기 바란다. 시계배열법은 12등분이 가능한 상황에서 많이 사용되는 배열법으로 보통 연간 12개월의 흐름적 상황을 살펴볼 때 많이 사용한다.

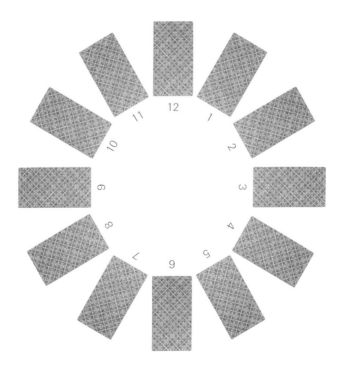

⑤ 사랑-인연 배열법

사랑-인연 배열법은, 남녀 사이의 사랑 관계를 파악하기 위한
용도로 많이 사용되고 있는 배열법일 뿐만 아니라, 우정, 인연을
파악해보는 관계배열법이다. 두 사람의 상황 및 관계가 가운데
축을 기준으로 상반되게 대응, 배열된다. 행동적인 부분과 속마음
도 파악할 수 있으며, 장·단점도 파악해볼 수 있어, 실전에 효율
적으로 사용되는 배열법이다.

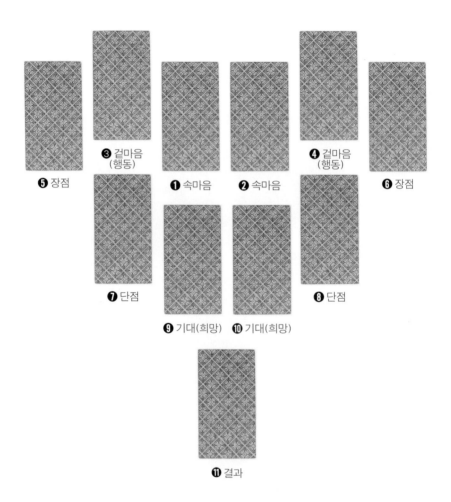

(4) 고급 배열법

① 켈틱크로스 배열법

켈틱크로스 배열법은 아서 에드워드 웨이트가 『타로의 그림열쇠』에 이 배열법을 수록한 이후 전 세계적으로 그 유명세를 떨치고 있는 배열법이다. 시간의 흐름과 주변적 요소까지 파악할 수 있다는 큰 장점을 지니고 있다.

최초 아서 에드워드 웨이트가 개발, 수록한 켈틱크로스는 11장의 카드를 사용한다. 켈틱크로스에 대한 자세한 설명은 『타로카드 상담전문가(해드림출판사)』를 참고하기 바란다.

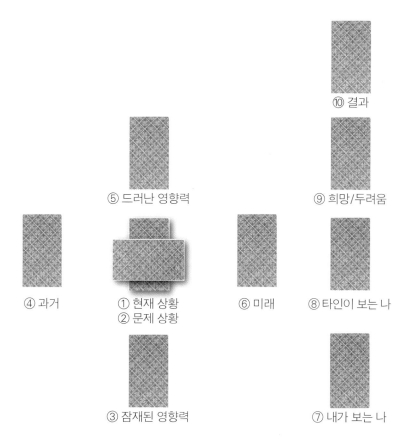

⑩ 결과

⑤ 드러난 영향력　　　　⑨ 희망/두려움

④ 과거　　① 현재 상황　⑥ 미래　⑧ 타인이 보는 나
　　　　　② 문제 상황

③ 잠재된 영향력　　　　⑦ 내가 보는 나

② 하우스 배열법

앞의 시계배열법에서 이야기 했듯이 12라는 수는 신성한 수이다. 특히, 12별자리와도 깊은 연관이 있는데, 하우스와 12별자리, 10행성과의 대응 관련도는 아래와 같다. 자세한 설명은 『심볼론카드 상담전문가(하움출판사)』를 참고하면 많은 도움이 될 것이다.

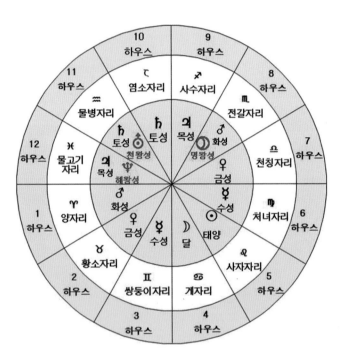

이와 같이 하우스에 타로카드를 접목하여 하우스배열법을 사용한다. 각 하우스마다 신비로운 영역이 있어 고급 타로 상담에 사용되는 배열법이다.

각 하우스의 전문 영역[6]을 정리하면 다음과 같다.

	별자리	명칭	주제
1st 하우스	양자리	본인의 별자리	삶, 자신, 성격, 외모
2nd 하우스	황소자리	금전의 별자리	부, 재산, 가치관, 자존감
3rd 하우스	쌍둥이자리	지식의 별자리	소통, 형제, 친구, 언어
4th 하우스	게자리	가정의 별자리	가족, 부모, 전통, 자아
5th 하우스	사자자리	연애, 오락의 별자리	즐거움, 아이, 행복, 행운

---

6 출처 : 심볼론카드 타로상담전문가(하움출판사, 최지훤외)

6th 하우스	처녀자리	건강의 별자리	건강, 질병, 의식, 일
7th 하우스	천칭자리	결혼의 별자리	협력, 배우자, 파트너, 관계
8th 하우스	전갈자리	죽음, 성의 별자리	환생, 죽음, 친밀, 상속
9th 하우스	사수자리	정신의 별자리	철학, 종교, 여행, 신뢰
10th 하우스	염소자리	사회, 직업의 별자리	사회, 직업, 부모, 평판, 명예
11th 하우스	물병자리	우정의 별자리	우정, 친구, 소망, 기대
12th 하우스	물고기자리	장애, 불행의 별자리	장애, 파멸, 적, 질병

1번 하우스에 1번 카드, 12번 하우스에 12번 카드를 배열하여 사용한다.

③ 생명의 나무 배열법

생명의 나무 배열법은 말쿠트라는 지상의 영역에서 케테르라는 신의 영역에 이르는 카발라 시스템을 배열법에 적용한 고급 배열법으로 10개의 세피라(원형)를 10개의 카드에 대응시켜 체계화한 배열법이다.

생명의 나무 배열법을 처음 접하는 독자가 많을 것이다. 타로카드 제작 당시의 비의, 신비로움을 이해하면 타로카드의 이해의 폭이 깊을 수 있는 것처럼, 고급 실전 타로상담이 필요한 경우, 카발라적인 신비주의 의미를 파악한다면 이해가 훨씬 빠를 것이다.

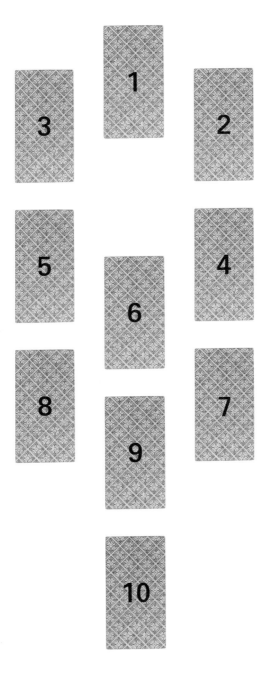

배열	카발라적 의미	배열 의미
1.케테르 KETHER	CROWN, 왕관 삶의 궁극적 이상 / 영적인 것	내면의 세계, 마음, 심성, 자아, 자존심, 꿈, 희망, 최고의 이상, 상상, 문제의 근원
2. 호크마 CHOKMAH	WISDOM,지혜 보이지 않는 영감 / 책임	질문의 환경, 영향력, 새로운 것을 창조해 내는 영감, 적극적 의문, 지혜의 필요성
3. 비나 BINAH	UNDERSTANDING,이해 ①번을 달성하기 위한 ②번의 과정, 영향력 / 장애물	아이디어의 실체를 설계하는 과정, 질문을 방해하는 환경, 영향력
4. 헤세드 CHESED	LOVE, 사랑 / MERCY, 자비 ⑩번을 위한(사랑을 기반으로 한) 계획, 규칙 / 도움을 주는 것	계획, 준비, 재정, 과정, 밑거름, 논리, 세상을 구성하는 규칙과 법칙
5. 게부라 GEBURA	JUDGEMENT,심판 / JUSTICE, 정의 ⑩번 달성을 위한 엄격한 행동, 정의 / 반대 요인, 문제	세력, 투쟁, 활동, 행동, 힘, 판단하고 행동하는 힘, 주변을 돌아보고 남들을 도와주는 영역
6. 티페레트 TIPHERETH	BEAUTY, 미 성취할 수 있는 것. ①번과 ⑩번을 위한 조화, ⑩번을 위한 보완	서로 다른 힘 간의 조화, 명예, 영광, 명성, 인기, 능력, 물질에 의존
7. 네짜흐 NETZACH	VICTORY, 승리 일시적인 현실적 성공(승리) / 감정 문제	물질적이고 현실적인 성공, 연애, 사랑, 로맨스, 감정, 성공에 대한 대가
8. 호드 HOD	GLORY, 영광 ⑩번 달성을 위해 필요한 체계적 준비, 인간관계 및 커리어	철저한 준비, 꾸준한 노력, 소통, 언어, 화술, 추리, 통신, 계산, 의지의 필요성
9. 예소드 YESOD	FOUNDATION, 기초 ⑩번 달성을 위한 최종적인 준비, 기반 /무의식들의 기반	현실 속 자아, 행동의 기반, 건강(정신적 건강, 육체적 건강), 삶의 불균형
10. 말쿠트 MALKUTH	KINGDOM,왕국 위 카드들로 형성된, 산출된 최종적인 현실적 결과, 방향 / 가족	힘의 조화를 나타내는 결과, 거주지, 집, 금전, 재산, 성과, 결실, 균형

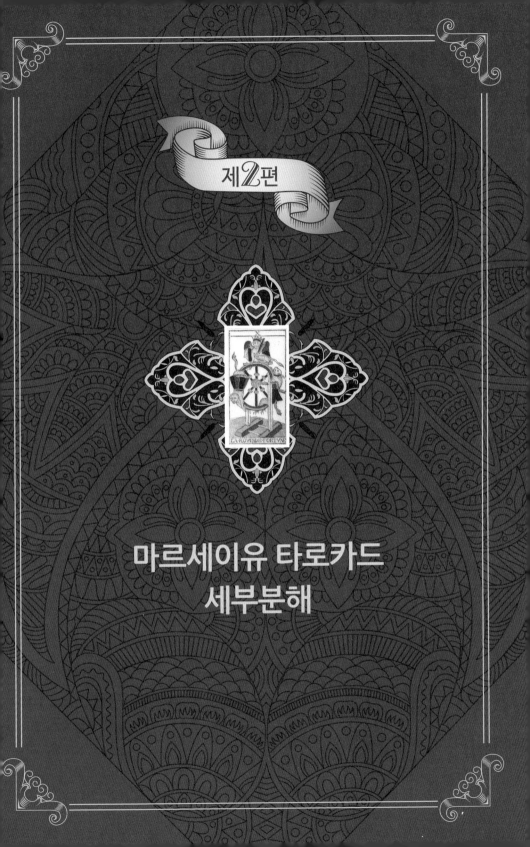

제2편

마르세이유 타로카드
세부분해

1.메이저카드

LE MAT(바보)

카드 이미지 분석

LE MAT(바보) 카드에서 자유분방한 머리 스타일의 주인공이 오른손에 붉은 지팡이로 땅을 짚으며 빨간 신발을 신고 목표지를 향해 걸어 나가고 있다. 왼손에는 수저 모양의 봇짐을 메고 화려한 색상의 옷에는 여러 개의 방울이 매달려 있다. 개(고양이)와 비슷한 짐승 한 마리가 인물 뒤쪽에서 주인공의 나아감을 방해하듯이 바지를 잡아끌고 있다.

유니버셜웨이트

♣ 마르세이유 타로카드의 상징 ♣

① 노란 새싹 : 생동감 있는 환경, 현실감 있는 활동력, 새로움을 추구하고자 하는 의지

② 카드를 벗어나는 큰 머리 : 능력 및 잠재 가능성이 무한함

③ 붉은 지팡이 : 열정적으로 딛고 나아감

④ 빨간 신발 : 열정과 자신감에 기초하여 행동함

⑤ 푸르스름한 땅 / 울퉁불퉁 : 상황의 유동성, 감정적 / 험난함

⑥ 방울 : 신중하지 못한 경거망동

⑦ 개(고양이) : 지혜, 영적인 영향력, 방해

⑧ 봇짐 / 돈주머니 : 검소함, 필수품 / 경제력, 신적인 영향력

LE MAT(바보) 카드의 대표 키워드

새로운 시작, 잠재능력, 독창적, 개성, 좌충우돌, 불확실,
미완성, 자유 추구, 실수, 비현실적, 불안정

♣ 마르세이유 실전 전문 상담 활용 & 적용 ♣

1. LE MAT(바보) 카드는 22장의 메이저 카드 중에서 유일하게 숫자가 붙지 않은 카드이다. 즉, LE MAT(바보)는 순서에 얽매이지 않는 카드로 메이저 전체 카드의 맨 앞에서 스타트를 하기도 하며, 맨 끝을 장식하기도 한다.

2. LE MAT(바보) 카드는 미성숙한 인물이나 자아를 상징한다.

3. 푸른색이 물의 색깔을 대표하듯이, 푸른색 땅은 감정 유입으로 인해 상황이 일관되지 않고 유동적이라는 것을 의미한다. 따라서, LE MAT(바보) 카드는 불타는 현재의 의지를 끝까지 행동으로 옮겨 목표를 달성하기 위해서는 많은 갈등과 환경적 극복이 필요함을 나타낸다.

❧ 1. LE BATELEUR(마법사) ❧

카드 이미지 분석

LE BATELEUR(마법사) 카드의 주인공은 ∞ 모양의 큰 모자를 쓰고, 조그마한 막대를 왼손으로 들고 있다. 주인공 앞에는 삼각 다리의 사각 테이블이 있으며 그 위에는 컵, 칼(검), 돈(금화)으로 보이는 물질들이 놓여 있다. 주인공은 왼쪽으로 시선을 두고 있으며, 45도 각도로 비스듬하게 아래를 향하고 있다.

유니버셜웨이트

♣ 마르세이유 타로카드의 상징 ♣

① ∞ 모양의 큰 창 모자 : 우월감, 능력자

② 사각 탁자 : 세상, 기존 질서

③ 탁자 위의 물건 : 세상만사

④ 삼각 다리 : 미완성, 즉흥적, 가변성

⑤ 노란 신발, 노란 탁자 : 안정감을 추구, 지적인 추구

⑥ 45도 비스듬한 시선 : 미결정, 불안함, 결단의 어려움

⑦ 허리띠 : 몸/행동과 마음/정신의 연결, 육체와 멘탈의 연결

⑧ 노란 새싹 : 생동감 있는 환경, 현실감 있는 활동력, 새로움을 추구하고자 하는 의지

---

1. LE BATELEUR(마법사) 카드의 대표 키워드

새로운 시작, 의지, 잠재능력, 창의력, 다재다능, 속임수, 능력자

♣ 마르세이유 실전 전문 상담 활용 & 적용 ♣

1. LE BATELEUR(마법사) 카드는 번호가 표시된 첫 카드로 실질적인 시작을 알리는 카드이다.

2. LE BATELEUR(마법사) 카드는 새로운 시작을 하는 사람으로 테이블 다리가 3개, 시선 방향이 좌하향 45도인 것 등으로 보아 완벽한 성공을 보장받는 능력자라기보다는 아직은 소극적이고, 불확실성을 내재하고 있는 새로운 시작을 하는 인물임을 의미한다.

3. LE BATELEUR(마법사) 카드는 왼쪽 시선 방향의 첫 번째 등장 카드로 왼쪽 시선의 방향은 소극적, 수동적, 수렴적인 성향을 나타낸다.

2. LA PAPESSE(여교황)

카드 이미지 분석

LA PAPESSE(여교황) 카드에서 가장 눈에 쉽게 띄는 것은 손에 들고 있는 펼쳐진 황금 색깔의 책이다. 아니, 이보다 유일하게 외부세상에 내놓은 것이 책이라는 표현이 더 정확할 것이다. 주인공의 얼굴은 외부세상에 감추어져 있다. 자신은 외부가 시야에 들어올 수는 있을지언정 외부에서는 주인공의 얼굴을 볼 수 없도록 휘장(장막)에 가려있다.

유니버셜웨이트

♣ 마르세이유 타로카드의 상징 ♣

① 황금 빛깔 책 : 영원한 지식, 창조적 지혜

② 황금 빛깔 휘장(장막) : 고귀한 비밀, 감추어진 비밀

③ 십자가 : 종교적 영향력

④ 왼쪽 시선 : 차분함, 수렴적, 수용적, 받아들임

⑤ 망토 : 비밀, 숨김, 드러나지 않은 내면의 세계

⑥ 파란색 : 내면의 지혜, 내면의 세계

2. LA PAPESSE(여교황) 카드의 대표 키워드

지혜, 지식, 이중성, 비밀스러움, 수용, 수렴, 신비로움

♣ 마르세이유 실전 전문 상담 활용 & 적용 ♣

1. LA PAPESSE(여교황) 카드는 자신의 정체를 밝히기 어려운 상황, 비밀을 간직한 인물을 의미한다.

2. LA PAPESSE(여교황) 카드는 수용의 의미가 커서 이중적인 상황을 의미할 때도 자주 등장한다.

3. LA PAPESSE(여교황) 카드는 LE PAPE(교황) 카드와 마찬가지로 삼중관을 쓰고 있다. 삼중관과 십자가는 종교적 영향력이 있는 인물임을 상징한다.

3. L'IMPERATRICE(여황)

<table>
<tr><td>**카드 이미지 분석**</td><td>**유니버셜웨이트**</td></tr>
</table>

LA PAPESSE(여교황) 카드와는 사뭇 이미지가 다른 L'IMPERATRICE(여황) 카드이다. 십자가 홀을 왼손에 들고, 독수리가 그려진 방패를 오른손으로 안고 있다. 오른쪽 시선을 향하고 있으며, 얼굴 표정에서도 적극적이고 열정적인 이미지가 묻어나온다. LA PAPESSE(여교황) 카드와 다르게 파란색 옷이 많이 드러나 보인다.

♣ 마르세이유 타로카드의 상징 ♣

① 독수리 : 왕, 승리, 정복, 권력

② 방패 / 안고 있음 : 방어, 보호 / 옹호

③ 십자가 홀 / 기댐 : 신으로 부여받은 권력, 권위 / 거만함

④ 왕좌 : 권위, 고귀함

⑤ 파란색 옷 : 내면적인 지식, 지혜

⑥ 오른쪽 시선 : 활발함, 발산적, 능동적, 추진력

3. L'IMPERATRICE(여황) 카드의 대표 키워드

풍요, 소유, 물질, 임신, 출산, 실용, 실질적, 순결, 순수, 고귀함

♣ 마르세이유 실전 전문 상담 활용 & 적용 ♣

1. L'IMPERATRICE(여황) 카드는 금발 머리가 넓게 풍성히 퍼져 있다. 이는 평범하지 않은 고귀함을 의미한다.

2. L'IMPERATRICE(여황) 카드의 시선은 오른쪽을 향해 있으며 표정에서도 적극성과 열정적인 이미지를 살펴볼 수 있다. 하지만, 무엇인가 불만족스러운지 눈빛에서 불안해하는 표정도 살펴볼 수 있다.

3. L'IMPERATRICE(여황) 카드는 오른쪽 시선 방향의 첫 번째 등장 (LE MAT(바보)제외) 카드로 오른쪽 시선의 방향은 적극적, 능동적, 발산적인 성향을 나타낸다.

4. L'EMPEREUR(황제)

카드 이미지 분석

L'EMPEREUR(황제) 카드는 십자가가 달린 홀을 오른손으로 들고 앞에 내세우듯 내보이고 있다. L'IMPERATRICE(여황) 카드가 들고 있던 독수리 방패를, 자신만만함을 나타내듯이 또는 남들에게 강인함의 모습을 과시하듯이 L'EMPEREUR(황제) 카드는 땅에 내려놓고 있다. 왕좌에 기대어 왼쪽 방향으로 시선을 향하고 있다.

유니버셜웨이트

♣ 마르세이유 타로카드의 상징 ♣

① 독수리 : 왕, 승리, 정복, 권력

② 방패 / 내려놓음 : 방어, 보호 / (과잉) 자신감

③ 십자가 홀 / 내세움 : 신으로 부여받은 권력, 권위 / 드러냄, 당당함

④ 왕좌 / 기댐 : 권위, 고귀함 / 거만함

⑤ 빨간색 : 정열, 열정, 에너지, 활동, 움직임

⑥ 허리띠 : 몸/행동과 마음/정신의 연결, 육체와 멘탈의 연결

⑦ 노란 새싹 : 생동감 있는 환경, 현실감 있는 활동력, 새로움을
추구하고자 하는 의지

---

4. L'EMPEREUR(황제) 카드의 대표 키워드

권위, 권력, 위대함, 가부장적, 책임자, 자신감, 고집, 거만함

♣ 마르세이유 실전 전문 상담 활용 & 적용 ♣

1. L'EMPEREUR(황제) 카드에는 L'IMPERATRICE(여황) 카드에
서 보이지 않는 신발, 방패 등에 빨간색이 많이 표현되어 있다.

2. L'EMPEREUR(황제) 카드의 시선은 왼쪽을 향해 있으며 행동
에서도 과시적인 이미지를 살펴볼 수 있다. 승부수를 던지는
대담함도 느껴볼 수 있다.

3. L'EMPEREUR(황제) 카드는 겉으로 강인함을 표현하고 있지
만, 속마음은 확인하기 어렵다.

5. LE PAPE(교황)

카드 이미지 분석

LE PAPE(교황) 카드는 머리에 삼중관을 쓰고, 장갑을 낀 왼손으로 삼중 십자가를 들고, 오른쪽 손등에 십자가 모양이 그려져 있으며, 오른쪽 손으로 오른 방향을 가리키며 오른 방향의 시선을 향하고 있다. LE PAPE(교황) 카드 아래에는 조언, 가르침을 받기 위한 두 사람이 보인다. LA PAPESSE(여교황) 카드와 마찬가지로 빨간 망토(법복) 속에 파란색 옷이 보인다.

유니버셜웨이트

♣ 마르세이유 타로카드의 상징 ♣

① 삼중관, 삼중 십자가 : 삼위일체

② 기둥 : 천상과 지상을 연결해주는 매체

③ 장갑 : 신성함

④ 시선 / 손 : 정신(사고), 목표 / 행동

⑤ 머리 : 정신(사고)적 영향력

⑥ 푸르스름한 옷 : 상황의 유동적 감정, 마음

5. LE PAPE(교황) 카드의 대표 키워드

조언자, 보수적, 중개자, 교육, 종교적, 지도자, 전통 고수

♣ 마르세이유 실전 전문 상담 활용 & 적용 ♣

1. LE PAPE(교황) 카드의 아래 위치한 추종자 2명의 머리는 삭발의 이미지를 표현했다. 삭발은 세속과의 단절을 의미한다.

2. LE PAPE(교황) 카드는 물질적인 부분과는 거리가 먼, 정신적 지도자를 의미한다.

3. LE PAPE(교황) 카드의 시선과 손의 방향이 일치함은 정신(사고), 목표와 행동의 일치를 의미한다.

6. L'AMOUREUX(연인)

카드 이미지 분석

L'AMOUREUX(연인) 카드에는 세 인물과 천사가 등장한다. 남자 주인공의 양옆으로 두 명의 여인이 보인다. 한 여인은 주인공의 어깨에 손을 얹고 있으며, 다른 여인은 심장(가슴)에 손을 대고 있다. 큐피드의 화살처럼 보이는 아기 천사의 화살은 심장을 향하여 겨누고 있다. 이미지를 통해 주인공이 선택의 순간에 직면해 있음을 파악할 수 있다. 바코드가 처음으로 등장한 카드이다.

유니버셜웨이트

♣ 마르세이유 타로카드의 상징 ♣

① 태양 : 신적인 영향력, 신의 은총, 신성

② 어깨 : 명예, 부귀, 물질

③ 심장 : 마음, 정신

④ 하체 부분의 황금색 : 근본 자원의 소유, 존귀함

⑤ 화살 : 목표, 목적

⑥ 아기 천사 : 신적인 영향력, 분신

6. L'AMOUREUX(연인) 카드의 대표 키워드

연인, 사랑, 선택, 갈등, 우정, 결혼, 매력, 의사소통

♣ 마르세이유 실전 전문 상담 활용 & 적용 ♣

1. L'AMOUREUX(연인) 카드는 선택의 상황에 많이 등장한다. 현실적이고 합리적인 선택보다는 마음, 감정에 이끌리는 선택에 방향을 맞춘다.

2. L'AMOUREUX(연인) 카드에는 태양, 금발, 하체 부분, 옷자락 등에 황금색으로 표현했다. 황금색은 태양, 신을 상징하기도 하며, 영원성, 존귀함을 의미한다.

7. LE CHARIOT(전차)

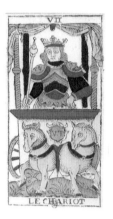

카드 이미지 분석

LE CHARIOT(전차) 카드의 주인공이 정면을 응시하며 전차 위에 당당히 서 있다. 전차를 모는 두 마리의 말은 같은 방향을 향하고 있으나, 말들의 다리는 방향을 달리하고 있어 이대로는 나아갈 수 없는 상황이다. 또한, 주인공의 당당함 이면에는 근심, 걱정의 눈빛이 엿보이고 주인공의 양쪽 어깨에 우림과 둠밈으로 연결되어있는 남녀의 얼굴 등, 카드에는 여러 양면성이 내재해 있다.

유니버셜웨이트

♣ 마르세이유 타로카드의 상징 ♣

① 전차 : 이동 수단, 강한 추진력

② 바퀴 : 빠른 이동, 원활한 이동

③ 우림과 둠밈 : 양면성, 이면성, 상반성

④ 노란 새싹 : 생동감 있는 환경, 현실감 있는 활동력, 새로움을 추구하고자 하는 의지

⑤ 말의 다리 : 서로 다른 방향 추구

7. LE CHARIOT(전차) 카드의 대표 키워드
승리, 추진력, 강한 의지, 자신감, 목표 달성, 일시적인 성과

♣ 마르세이유 실전 전문 상담 활용 & 적용 ♣

1. LE CHARIOT(전차) 카드 주인공의 눈빛에는 당당함의 이면
   에 걱정스러움이 내포되어 있다. 주변 상황의 조화 없이는 전
   차가 나아갈 수 없기 때문이다.

2. LE CHARIOT(전차) 카드는 완벽한 목표 달성, 승리의 성과
   라기보다는 외적으로 추구하는 일시적이고 단편적인 목표
   달성, 승리를 의미하는 경우가 더 많다.

3. LE CHARIOT(전차) 카드는 정면 시선 방향의 첫 번째 등장 카
   드로 정면 시선의 방향은 양면적, 이면적인 성향을 나타낸다.

8. LA JUSTICE(정의)

카드 이미지 분석

LA JUSTICE(정의) 카드의 주인공은 마치 판결을 하는 사람의 모습처럼, 한치의 치우침도 없이 균형 잡힌 제스처로 정면을 응시하고 있다. 왼손에는 저울을 들고 오른손에는 검을 들고 있다. 하지만, 저울의 균형 정도를 자세히 살펴보면 한쪽으로 살짝 치우쳐 있음을 파악할 수 있다.

유니버셜웨이트

♣ 마르세이유 타로카드의 상징 ♣

① 저울 : 공명정대, 균형, 공평함

② 검 : 이성적, 합리성 추구, 결단, 정의

③ 모자 : 권위, 권력

④ 푸르스름한 빛깔의 저울 : 보이지 않는 부분의 영향력, 감정적인 영향력

⑤ 정면 응시 : 어디에도 치우치지 않음

⑥ 노란 새싹 : 생동감 있는 환경, 현실감 있는 활동력, 새로움을 추구하고자 하는 의지

8. LA JUSTICE(정의) 카드의 대표 키워드

정의, 법, 공평, 균형, 합리, 중재, 형평성

♣ 마르세이유 실전 전문 상담 활용 & 적용 ♣

1. 마르세이유 카드에서 LA JUSTICE(정의) 카드는 8번에 위치한다. 웨이트 계열에서는 11번에 위치한다. LE CHARIOT(전차) 카드에서의 의지적 추진의 결과를 LA JUSTICE(정의) 카드에서 판결받게 된다.

2. LA JUSTICE(정의) 카드에서 저울이 푸르스름한 빛깔을 띠며, 약간 치우침이 있는 것은 판결을 내리는 주인공 또한 인간이기 때문이다.

9. L'HERMITE(은둔자)

카드 이미지 분석

L'HERMITE(은둔자) 카드의 주인공은 왼손으로 빨간색 지팡이를 짚고, 오른손으로는 등불을 들어 왼쪽 시선의 방향을 비추고 있다. 주인공은 파란색 후드를 입고 있으며, 후드 안이 황금색 바탕으로 이루어진 것으로 보아 물질적 재화의 충족을 맛보았을 사람으로 현재는 내면적 자아 성찰의 단계를 수양하고 있음을 파악할 수 있다.

유니버셜웨이트

♣ 마르세이유 타로카드의 상징 ♣

① 등불 : 빛, 밝힘, 구원, 신적인 영향력

② 파란색 옷 : 내면적인 지식, 지혜

③ 황금색 바탕 : 근본 자원의 소유, 존귀함

④ 노란색 : 지식, 지혜, 지적, 안정적, 물질적

⑤ 좌측 시선 방향 : 소극적, 세상을 등짐

9. L'HERMITE(은둔자) 카드의 대표 키워드

내적 탐구, 자아 성찰, 조언, 고독, 지혜, 침묵, 인내

♣ 마르세이유 실전 전문 상담 활용 & 적용 ♣

1. L'HERMITE(은둔자) 카드는 세상을 등지고 자신만의 세상에 빠져있는 사람에게 많이 등장한다.

2. L'HERMITE(은둔자) 카드는 고독의 카드이지 외로움의 카드가 아니다. 즉, 현재 상황은 주인공의 자발적인 선택에 의하여 만들어진 것이다.

10. LA ROUE DE FORTUNE(운명의 수레바퀴)

카드 이미지 분석

LA ROUE DE FORTUNE(운명의 수레바퀴) 카드에는 형상을 달리하는 세 마리의 동물이 등장한다. 오른쪽 동물은 위로 상승하기 위해 발버둥치는 모습이고, 가운데 동물은 왕관을 쓰고 정상에서 만족하는 모습이며, 왼쪽 동물은 아래로 추락하고 있는 모습이다. 수레바퀴는 푸르스름한 물빛 위에 위치하고 있다.

유니버셜웨이트

♣ 마르세이유 타로카드의 상징 ♣

① 수레바퀴 : 순환, 변화, 이동

② 세 마리 동물 : 인생사, 인생의 굴곡

③ 귀 : 상승을 위한 요소

④ 푸르스름한 빛깔의 환경 : 유동적 상황, 보이지 않는 부분의 영향력

⑤ 칼(검) : 공기(風)의 요소, 의지의 표명, 결단력

10. LA ROUE DE FORTUNE(운명의 수레바퀴) 카드의 대표 키워드

행운, 터닝포인트, 우연, 전환,
새로운 이동, 반복, (부분적) 성공, 도약

♣ 마르세이유 실전 전문 상담 활용 & 적용 ♣

1. LA ROUE DE FORTUNE(운명의 수레바퀴) 카드는 인위적인 변화보다는 자연적 섭리, 자연 현상에 의한 변화, 순환을 의미하는 경우가 많다.

2. LA ROUE DE FORTUNE(운명의 수레바퀴) 카드에서 세 마리 동물 머리 부분 귀의 표현이 다르다. 주변 상황을 고려할 경우, 상승의 상황이 만들어진다. 경청 및 오픈 마인드의 중요성을 내포하고 있다.

3. LA ROUE DE FORTUNE(운명의 수레바퀴) 카드는 인생의 덧없음을 나타낸다. 즉, "최상위의 위치에 있다고 해서 거만하지 마라. 곧, 아래로 내려올 수 있다. 최하위의 위치에 있다고 기죽지 마라. 곧, 위로 올라갈 수 있다."라는 것을 의미한다.

11. LA FORCE(힘)

카드 이미지 분석

LE BATELEUR(마법사) 카드의 주인공과 마찬가지로 LA FORCE(힘) 카드의 주인공은 ∞ 모양의 큰 챙 모자를 쓰고 있다. 주인공은 양손으로 사자의 입을 벌리며, 오른쪽을 시선 방향으로 하고 있다.
양쪽 팔뚝 부분과 치마 밑 부분이 황금색으로 표시되어 있다. 메이저 카드에서 유일하게 바코드가 한쪽에 치우쳐 표시된 카드이다.

유니버셜웨이트

♣ 마르세이유 타로카드의 상징 ♣

① ∞ 모양의 큰 챙 모자 : 우월감, 능력자

② 오른쪽 시선 : 활발함, 발산적, 능동적, 추진력, 자신감

③ 사자 : 맹수, 동물의 왕, 본인의 내적 트러블

④ 여자 / LA FORCE(힘) 주인공 : 연약함 / 강인함(내적+외적)

⑤ 한쪽에 치우친 바코드 : 보이는 부분과 보이지 않는 부분 중 한쪽에 치우침, 한쪽 방향에 치우침

11. LA FORCE(힘) 카드의 대표 키워드

용기, 강인함(내적+외적), 지혜로움, 인내심, 강한 의지, 자신감

♣ 마르세이유 실전 전문 상담 활용 & 적용 ♣

1. LA FORCE(힘) 카드의 바코드는 한쪽에 치우쳐 있다. 이는 L'AMOUREUX(연인) 카드나 LA JUSTICE(정의) 카드 등과 다르게 보이는 부분과 보이지 않는 부분 중 한쪽에 일방적으로 치우침을 의미한다. LA FORCE(힘) 카드에서는 유연성의 부족함을 나타낸다.

2. 마르세이유 타로카드에서는 LA FORCE(힘) 카드가 11번에 위치하고, LA JUSTICE(정의) 카드가 8번에 위치한다. 이후, 웨이트 계열에서는 그 순서(번호)가 바뀐다.

12. LE PENDU(거꾸로 매달린 사람)

카드 이미지 분석

LE PENDU(거꾸로 매달린 사람) 카드의 주인공의 왼쪽 발목이 끈으로 묶여 나무에 매달려 있다. 양쪽 나무 기둥을 자세히 살펴보면 제눈(정아) 부분이 똑같이 6개씩으로 동일하게 구성되어 있다. 거꾸로 매달려 있는 주인공 얼굴에서는 전혀 힘든 표정을 살펴볼 수 없다. 다리의 모양은 목성(♃)의 기호 형태를 취하고 있다.

유니버셜웨이트

♣ 마르세이유 타로카드의 상징 ♣

① 발목 묶임 : 정체, 움직이기 어려움

② 무표정 : 겸허히 수용, 자발적 수용

③ 목성(♃)의 기호 : 행운, 길성

④ 빨간색 : 열정, 의지, 자신감

⑤ 파란색 : 내면의 지혜, 내면의 세계

⑥ 노란색 : 지식, 지혜, 안정, 현실적

⑦ 검은색 : 수용, 수렴, 받아들임

12. LE PENDU(거꾸로 매달린 사람) 카드의 대표 키워드

정체, 수용, 관점 바꾸기, 헌신, 인내, 희생, 진퇴양난

♣ 마르세이유 실전 전문 상담 활용 & 적용 ♣

1. LE PENDU(거꾸로 매달린 사람) 카드의 제눈(정아) 개수를 고려한다면 12 = 6+6 이라는 수비학의 의미로 파악할 수 있다. 6은 이상주의를 추구하는 숫자로 12. LE PENDU(거꾸로 매달린 사람) 카드의 과정을 성공적으로 완성한다면 6의 숫자에 다다를 수 있는 것이다.

2. LE PENDU(거꾸로 매달린 사람) 카드는 현재 상황이 에너지 충전의 시기이며 정체의 시기이다. 10보 전진을 위한 1보 후퇴라고 할 수 있다.

13. (이름 無)

카드 이미지 분석

13번 카드는 22장의 메이저 카드 중에 유일하게 이름이 없는 카드이다.

뼈만 남은 해골 주인공이 빨갛고 시퍼런 날의 큰 낫을 양손에 들고 있다. 노란 땅에는 사람들의 손과 머리가 널려 있다. 주인공의 척추와 다리 윗부분이 파란색으로, 그 연결 부분에는 빨간색 점이 표시되어 있다.

유니버셜웨이트

♣ 마르세이유 타로카드의 상징 ♣

① 낫 : 제거, 분리, 죽음과 부활

② 뼈 : 실체, 사실, 현상

③ 빨간 점 : 생명력, 의지력, 부활

④ 오른쪽 시선 : 활발함, 발산적, 능동적, 추진력, 적극적

⑤ 노란 새싹 : 생동감 있는 환경, 현실감 있는 활동력, 새로움을
추구하고자 하는 의지

---

13. (이름 無) 카드의 대표 키워드

종결과 시작, 큰 변화, 죽음과 부활,
무명(無名), 새로운 시작(희망), 해방

♣ 마르세이유 실전 전문 상담 활용 & 적용 ♣

1. 유일하게 카드에 이름(제목)이 없다. 여러 가지 설이 있으나
   말로 표현하기 끔찍하고 꺼림칙한 부분에 이름(제목)을 명명
   하지 않음으로써 불길한 상황으로부터 벗어나려고 한 의미
   인 듯하다.

2. 이 카드는 보통 죽음만을 의미하지 않는다. 현 상황을 피하지
   않고 맞섬으로써 문제를 해결하려고 하는 카드이다. 죽음과
   부활, 새로운 시작의 상황에 등장하는 카드이다.

14. TEMPERANCE(절제)

카드 이미지 분석

TEMPERANCE(절제) 카드의 주인공 천사는
두 개의 물병 속의 물을 서로 교류하고(섞고) 있
다. 우리 삶에서 이런 상황이라면 물은 그대로
땅으로 떨어질 것이나, TEMPERANCE(절제)
카드에서는 자연스럽게 교류하고 있다. 주인공
의 시선은 좌측 방향을 향하고 있으며, 옷 색깔
도 빨간색과 파란색의 조화를 보여주고 있다.

유니버설웨이트

♣ 마르세이유 타로카드의 상징 ♣

① 물의 교류 : 조절, 조화, 균형

② 천사 : 신적인 영향력, 미카엘

③ 왼쪽 시선 : 차분함, 수렴적, 수용적, 받아들임

④ 푸르스름한 빛깔의 땅 : 상황의 유동적, 감정적 영향력

⑤ 노란 새싹 : 생동감 있는 환경, 현실감 있는 활동력, 새로움을 추구하고자 하는 의지

---

14. TEMPERANCE(절제) 카드의 대표 키워드

조절, 조화, 균형, 인내, 현실에서의 실현 어려움, 적절한 덜어냄

♣ 마르세이유 실전 전문 상담 활용 & 적용 ♣

1. TEMPERANCE(절제) 카드는 잠재의식과 연관된 카드로써, 보이지 않는 영역의 전체적 조화, 조율의 필요성을 상징한다.

2. TEMPERANCE(절제) 카드에서의 물의 교류는 현실에서는 일어나기 어려운 상황을 의미한다.

3. TEMPERANCE(절제) 카드는 삶에서 한쪽으로의 치우침으로 인해 적절한 덜어냄이 필요할 경우에 종종 등장한다.

15. LE DIABLE(악마)

카드 이미지 분석

LE DIABLE(악마)카드는 전반적으로 애매한 상 징들로 구성되어 있다. 인간 형체의 주인공은 뿔과 날개가 달려 있고, 날카로운 손톱과 발톱 을 소유하고 있다. 정면을 응시하며 왼손에는 횃불을 들고 오른손은 위로 들고 있다. 아래의 두 대상도 뿔과 꼬리가 달려 있으며, 주인공 악 마의 발밑 부분에서 연결된 줄에 의해 목이 메 여져 묶여 있다.

유니버셜웨이트

♣ 마르세이유 타로카드의 상징 ♣

① 악마 : 유혹, 타락, 중독, 몰입, 치우침

② 끈 : 연결, 연대, 동맹, 연관성

③ 뿔 : 본능, 동물적 성향

④ 꼬리 : 동물적 욕망

⑤ 횃불 / 검은색 : 신의 은총, 신의 계시 / 타락적 본능, 본성

⑥ 푸르스름한 빛깔의 환경 : 유동적 상황, 보이지 않는 부분의
영향력, 감정적인 영향력

---

15. LE DIABLE(악마) 카드의 대표 키워드

집착, 치우침, 중독, 쾌락, 욕망, 유혹, 불륜, 섹스, 창조

♣ 마르세이유 실전 전문 상담 활용 & 적용 ♣

1. LE DIABLE(악마) 카드는 반드시 부정의 의미로만 해석되지
   않는다. 집중, 몰입, 창조 등 긍정의 의미로도 자주 등장한다.

2. LE DIABLE(악마) 카드는 문제 상황의 주인공이 현실에서 인
   식하지 못한 이끌림의 경우가 많다. 인식하게 된 경우에는 벌
   써 헤어나오지 못할 정도의 깊숙함이 파고든 상황이다.

16. LA MAISON DIEU(신전)

카드 이미지 분석

LA MAISON DIEU(신전) 카드에서는 벽돌을 하나하나 쌓아 신전이 만들어졌으나 갑작스런 충격, 변화로 상단이 무너져 내리는 이미지이다. 물방울 같은 점이 왼쪽 16개(카드 숫자와 동일)를 포함, 중앙과 오른쪽까지 총 37개 있다. 각 색깔별 개수는 검정색 2개, 빨간색 7개, 흰색 13개, 노란색 15개이다.

유니버셜웨이트

♣ 마르세이유 타로카드의 상징 ♣

① 탑 : 인간의 욕망, 상승 욕구

② 번개 : 큰 충격, 갑작스런 변화

③ 창문 3개 : 외부로의 확장, 돌파구

④ 푸르스름한 빛깔의 땅 : 상황의 유동적, 감정적 영향력

⑤ 노란 새싹 : 생동감 있는 환경, 현실감 있는 활동력, 새로움을
추구하고자 하는 의지

16. LA MAISON DIEU(신전) 카드의 대표 키워드

갑작스러운 큰 변화, 전략,
기존 틀의 붕괴, 해방, 혁신, 신념의 급변

♣ 마르세이유 실전 전문 상담 활용 & 적용 ♣

1. LA MAISON DIEU(신전) 카드는 13번 카드나 LE DIABLE(악
   마) 카드와 다르게 생각지도 못한 급격한 변화의 상황에서
   등장한다.

2. LA MAISON DIEU(신전) 카드는 물방울 같은 점이 왼쪽 16개
   로 LA MAISON DIEU(신전) 카드의 번호(숫자)와 동일하며,
   가운데 2개, 오른쪽에 19개이다. 즉, LA MAISON DIEU(신전)
   카드는 수비학 2번이 의미하는 조화, 균형의 과정을 거쳐야
   19번 태양으로 나아갈 수 있다.

✦ 17. LE TOILLE(별) ✦

카드 이미지 분석

이 카드의 제목은 LE TOILLE (별)이다. LE TOULE 로 보이는 것은 오랜 시간의 흐름으로 인해 서체가 뭉그러져서 그렇게 보이는 것임에 유의해야 한다.

LE TOILLE(별) 카드의 주인공은 알몸으로 양손에 물병을 들고 물을 쏟아붓고 있다. 저 멀리 나무 위에 새 한 마리가 보이고, 하늘에는 큰 별 1개와 작은 별 7개가 빛나고 있다. 북두칠성의 이미지를 생각할 수 있는 별의 총 개수를 위치별로 구분해 보면 3+2(1+1)+3개로 구성되어 있다.

유니버셜웨이트

♣ 마르세이유 타로카드의 상징 ♣

① 쏟아붓는 물병 : 신적 영향력 및 생명력 부여, 충만

② 나체 주인공 : 진실함, 순수함, 새로운 시작

③ 나무 위의 새 : 신의 메신저, 천사의 상징

④ 푸르스름한 빛깔의 환경 : 유동적 상황, 보이지 않는 부분의
영향력, 감정적인 영향력
⑤ 8개 별 : 새로운 구조화를 통한 희망

17. LE TOILLE(별) 카드의 대표 키워드

희망, 신념, 새로운 시작, 평화, 관용, 헌신, 행운

♣ 마르세이유 실전 전문 상담 활용 & 적용 ♣

1. LE TOILLE(별) 카드의 별의 개수를 위치별로 구분해 보면
3+2(1+1)+3개로 구성되고, 이는 3의 수비학적 의미인 확장의
개념은 2라는 균형, 조화를 통해 나아갈 수 있음을 의미한다.
2. LE TOILLE(별) 카드의 별의 개수는 8개로, 8은 수비학적으
로 재구조화라는 의미를 가지고 있다.

18. LA LUNE(달)

카드 이미지 분석

LA LUNE(달) 카드에서 주인공인 달이 마치 태양으로 착각하고 있는 듯 후광을 비추고 있고, 좌측 시선 방향으로 무엇인가 근심 어린 표정을 짓고 있다. 달 아래에는 늑대와 개, 각 한 마리가 달을 보며 울부짖고 있다. 달 주위로 물방울 총 19개가 흰색 3개, 빨간색, 검은색 각 5개, 노란색 6개로 분포되어 있다.

유니버셜웨이트

♣ 마르세이유 타로카드의 상징 ♣

① 달 : 무의식(잠재의식), 보이지 않는 영향력

② 늑대와 개 : 의식-무의식, 이성-야성의 이중성, 이면성

③ 가재 : 무의식(잠재의식)

④ 푸르스름한 빛깔의 환경 : 유동적 상황, 보이지 않는 부분의 영향력, 감정적인 영향력

⑤ 노란 새싹 : 생동감 있는 환경, 현실감 있는 활동력, 새로움을
추구하고자 하는 의지

⑥ 건축물(타워) : 목표를 달성하기 위해 드러나야 하는 대상,
과정(통로)

18. LA LUNE(달) 카드의 대표 키워드

양면성, 이면성, 불명확, 근심,
걱정, 잠재의식, 보이지 않는 영역, 직관

♣ 마르세이유 실전 전문 상담 활용 & 적용 ♣

1. LA LUNE(달) 카드에서 달 주위로 물방울 총 19개가 흰색 3
개, 빨간색, 검은색 각 5개, 노란색 6개로 분포되어 있다. 이
는 3의 수비학적 의미인 확장은 5라는 불안정의 과정을 통과
하고 이겨내어야 이상적인 안정 체계인 6으로 나아갈 수 있
음을 의미한다.

2. LA LUNE(달) 카드에서 등장하는 달은 태양과 상대적인 차이
를 가지고 있다. 달이 보이지 않는 부분, 무의식(잠재의식)을
의미한다면 태양은 드러난 것, 의식을 의미한다.

19. LE SOLEIL(태양)

카드 이미지 분석

LE SOLEIL(태양) 카드는 강한 후광을 내보이며 주변을 비추고 있다. 아래에는 높지 않은 벽돌 담 주변에서 알몸의 두 사람이 서로 격려하는 듯한 제스처를 취하고 있다. 한 명은 푸르스름한 빛깔 위에 서 있고, 나머지 한 명은 땅 위에 올라서 있다. 태양 주위로 물방울 총 13개가 노란색 2개, 빨간색 5개, 흰색 6개로 좌우 6+1+6의 형태로 분포되어 있다.

유니버셜웨이트

♣ 마르세이유 타로카드의 상징 ♣

① 태양 : 명확성, 드러난 현실, 의식, 완벽, 성취

② 후광 : 신의 은총, 보호

③ 벽돌담 : 보호, 안정, 실적, 성과

④ 빨간색 : 열정, 의지, 자신감

⑤ 노란색 : 지식, 지혜, 안정, 현실적

⑥ 푸르스름한 빛깔의 땅 : 상황의 유동적, 감정적 영향력

⑦ 아이들 : 순수함의 대상, 희망

---

19. LE SOLEIL(태양) 카드의 대표 키워드

실현, 명확, 협동, 성공, 결과, 목표 달성, 승리, 강한 에너지

♣ 마르세이유 실전 전문 상담 활용 & 적용 ♣

1. LE SOLEIL(태양) 카드에서 태양 주위로 물방울 총 13개가 노란색 2개, 빨간색 5개, 흰색 6개로 분포되어 있다. 이는 2의 수비학적 의미인 균형과 조화를 통해 5라는 불안정의 수가 이상적인 안정 체계인 6으로 나아감을 의미한다. 또한, 좌우 6+1+6의 형태로 물방울이 배치됨은 양쪽에서 이상적 안정을 추구한 새로운 의미 있는 시작으로도 해석될 수 있다.

2. LE SOLEIL(태양) 카드에서의 벽돌담은 LA MAISON DIEU(신전) 카드에서 의미하는 인간의 욕심이 정화된 적정한 수준에서의 성과를 의미한다.

20. LE JUGEMENT(심판)

카드 이미지 분석

LE JUGEMENT(심판) 카드에서 주인공 천사
는 아래 지상의 주체를 향해 나팔을 불고 있다.
천사의 나팔에는 십자가 깃발이 달려 있고, 천
사의 표정은 무표정하다. 아래 지상의 인간들은
관속에서 손을 합장하여 간절히 기도하는듯한
제스처를 취하고 있고, 그 가운데의 관 밖에는
푸르스름한 빛깔의 사람이 위치하고 있다.

유니버셜웨이트

♣ 마르세이유 타로카드의 상징 ♣

① 천사 : 가브리엘, 신적 영향력, 신의 계시

② 구름 : 신비로움, 신적 영향력, 자연의 원리

③ 나팔 : 때를 알림, 상황 전환, 전달

④ 후광 : 신성함, 신적 영향력

⑤ 푸르스름한 빛깔의 환경 : 유동적 상황, 보이지 않는 부분의
   영향력, 감정적인 영향력
⑥ 십자가 : 신적 영향력, 신의 계시, 보이지 않는 부분, 종교적
   연관
⑦ 관 속의 사람 : 심판을 받는 대상, 죽음 후의 부활

20. LE JUGEMENT(심판) 카드의 대표 키워드

심판, 기다림, 부활, 좋은 변화, 긍정적 소식, 타이밍, 해방

♣ 마르세이유 실전 전문 상담 활용 & 적용 ♣

1. LE JUGEMENT(심판) 카드는 시기를 알리는 카드로 많이 등
   장한다. 기다리던 소식이나 결과에 대해 "드디어 때가 되었
   다."를 의미한다.
2. LE JUGEMENT(심판) 카드에서 관 속의 두 사람 사이에 푸르
   스름한 빛을 띤 사람은 아직 인생의 여정에 있는 사람이다.
   따라서, 심판은 삶의 전반에 걸쳐, 모든 것에서 이루어짐을
   의미한다.

21. LE MONDE(세계)

카드 이미지 분석

LE MONDE(세계) 카드의 네 모퉁이에는 4원소에 해당하는 사람(천사), 말(황소), 사자, 독수리가 위치해 있다. 주인공에 해당하는 여인은 알몸으로 왼손에는 지팡이를 들고 몸에는 검붉은 천을 감싸고 최종적인 목표 달성, 목표지를 의미하는 큰 월계관을 통과하고 있다.

유니버셜웨이트

♣ 마르세이유 타로카드의 상징 ♣

① 알몸의 여성 : 진실한 완성, 한 단계 완성으로 인한 새로운 시작, 날개 없는 천사

② 사람(천사) : 소드, 공기의 요소

③ 말(황소) : 펜타클, 흙의 요소

④ 사자 : 완드, 불의 요소

⑤ 독수리 : 컵, 물의 요소

⑥ 푸르스름한 큰 월계관 : 보이지 않는 부분까지의 완성, 최종 성공, 큰 단계의 목표 달성

⑦ 노란색 지팡이 : 마법사에서 시작한 완드, 지팡이의 완성

⑧ 검붉은 스카프 : 신비로움, 비밀스러운 성숙, 완성

---

21. LE MONDE(세계) 카드의 대표 키워드

성공, 최종 완성, 목표 달성, 완벽함, 완성 후의 새 출발, 해피엔딩

♣ 마르세이유 실전 전문 상담 활용 & 적용 ♣

1. LE MONDE(세계) 카드는 4원소에 해당하는 사람(천사), 말(황소), 사자, 독수리의 완성, 합일을 통해 최종적인 완성이 이루어짐을 의미한다.

2. LE MONDE(세계) 카드에서 상징되어있는 4원소 중 말(황소)만이 황금색으로 표현되지 않은 이유는 인간 세상, 현실과 직접적인 연관이 있는 원소이기 때문이다.

2. 수비학 개론

(1) 수비학 일반 개념

많은 독자나 수강생이 마르세이유 타로카드를 공부하려 하다가도 수비학이라는 문턱을 넘지 못하고 포기하는 경우가 비일비재하다. 숫자 '15'를 수비학에서는 어떻게 해석하고 있는지 세 가지 방법의 예를 들어 소개한다.

① 15 = 10+5 ▶ 5

15는 10+5이고, 10은 완성을 의미하므로 이럴 경우는 15를 파악할 때 5와 연관을 짓는다.

② 15 = 1+5 ▶ 6

15를 각 자리 숫자의 합으로 표현하면 1+5이고 이것은 6이 되어 이럴 경우는 15를 파악할 때 6과 연관을 짓는다.

③ 15 = 7+8 ▶ 7, 8

15를 중간값 의미의 두 자리 숫자로 구분을 한다면 7+8이 되므로 이럴 경우는 15를 파악할 때 7과 8로 연관을 짓는다.

1~9의 숫자는 1이라는 숫자를 시작으로 1을 더해 2가 되고, 다시 1을 더해 3이 되고, 마찬가지로 마지막 9의 완성에 이른다. 물론, 홀수와 짝수가 번갈아 가며 나아간다.

1~9라는 9개의 숫자는 1~3, 4~6, 7~9라는 각각 3개의 숫자씩, 3개의 그룹으로 구분할 수 있다. 여기에서 1~3그룹을 초반수, 4~6그룹을 중반수, 7~9그룹을 후반수로 나누고 우리의 삶과 비교해 본다면 1~3그룹을 초년기, 4~6그룹을 중년기, 7~9그룹을 장년기(또는 노년기)로 파악할 수도 있다. 1~3, 4~6, 7~9 각각의

그룹 내에서는 '1, 4, 7'을 초년기(또는 초반수), '2, 5, 8'을 중년기
(또는 중반수), '3, 6, 9'를 장년기(또는 후반수)로 파악할 수도 있
다. 이 구분은 질문의 상황, 내담자의 상황에 따른 타로 상담전문
가의 전문 상담 능력에 따라 달라질 수 있는 것이다.

초반수			중반수			후반수		
1	2	3	4	5	6	7	8	9
시작	관계	확장	안정	변화	완성	큰 변화	조직화	완성
홀수	짝수	홀수	짝수	홀수	짝수	홀수	짝수	홀수

유니버셜 웨이트『소드6』   마르세이유『에페(소드)6』

위 그림은 유니버셜 웨이트의『소드 6번』카드와 마르세이유의
『에페(소드) 6번』카드이다. 유니버셜 웨이트『소드 6번』카드를 보
면 어머니와 아이, 한 남성이 배를 타고 이동 중인 것을 의미하는
이미지가 명확히 묘사되어 있다. 또한, 검 6개가 배에 꽂혀 있고,
남성은 긴 장대를 이용하여 배가 나아가게 하고 있다. 장대가 있
는 부분은 물결치고 있으며, 반대편은 잔잔함을 세세히 묘사하여,
상황적 의미를 이미지만으로도 어느 정도 파악할 수 있다.

반면, 마르세이유의『소드 6번』카드를 보면 단지, 꽃봉오리가

닫혀있는 꽃과 검 6개만이 이미지화되어 있어 도무지 이 이미지만으로는 무엇을 의미하는지 감을 잡을 수 없다.

즉, 마르세이유 마이너 카드 그림에는 단지 4원소(완드/바통, 컵/쿠푸, 소드/에페, 펜타클/드니에)의 그림과 숫자(갯수)만이 덩그러니 등장하기 때문에 이것의 해석을 위해서는 4원소의 의미와 수비학의 의미를 함께 파악해야 한다.

하지만, 마르세이유 마이너 카드의 해석에 있어서, 4원소의 의미와 수비학의 체계적인 개념을 파악한다면 오히려, 유니버셜웨이트의 이미지로 파악하는 의미보다 더욱 섬세하고 체계적이며 심오한 해석이 가능하다는 장점이 있다.

앞부분에서 4원소에 대한 개념은 설명하였으니, 여기에서는 수비학의 개념을 체계적으로 살펴보도록 하자.

마이너 카드 각각의 이미지에 대한 전문적인 세부 분석은 지면상의 비대면 설명이 어려운 점을 감안, 추후 여건이 될 경우에 특강 등의 대면 강의 또는 세미나에서 자세한 설명으로 안내하기로 한다.

(2) 수비학 세부분해

숫자 1은 순수함, 새로움, 시작, 의지로 대표되는 숫자이다. 도형으로의 표시는 점 1개로 표시할 수 있다. 숫자 1의 특성은 다음과 같다.

▶
▶ 수비학적으로 0+1의 형태이다.
▶ 적극적, 의지적, 직접적, 목표지향적인 마음가짐으로 새로운 일을 시작한다.
▶ 강한 동기로 지금 당장 시작하므로 시간의 지체가 없고, 인내심도 없다.
▶ 확신과 생명력을 가지고 혼자 시작하므로, 자발적이고, 시작의 힘을 느낀다.
▶ 혼자만의 세상에서 고독하고 외로우며, 독선적이고 공격적일 수 있다.
▶ 개성 있는 행동에 대해 인정받기를 희망하고, 책임성을 가지며 리더의 기질이 있다.

Number 2

숫자 2는 관계, 이중성, 양자의 균형으로 대표되는 숫자이다. 도형으로의 표시는 점 2개가 연결되는 선으로 표시할 수 있다. 숫자 2의 특성은 다음과 같다.

▶ ●—●
▶ 수비학적으로 1+1의 형태이다.
▶ 관계 사이에서 인내심을 가지며 수동적이고, 타인에게 의존한다.
▶ 서로 인내, 협동하며 평화롭게 균형을 맞추어 조화, 중재를 이룰 필요가 있다.
▶ 둘 사이의 평화를 위해, 신중하며 소극적인 행동과 파트너십이 필요하다.
▶ 의도가 동일 성향일 경우에는 균형 또는 조화, 상이 성향일 경우 대립 또는 갈등으로 나아간다.
▶ 상황의 파악으로 인해 소극적이며 민감하고 섬세할 수 있다.

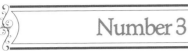

Number 3

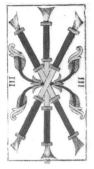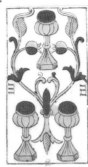

　숫자 3은 종합, 협력, 불안감, 확장으로 대표되는 숫자이다. 도형으로의 표시는 점 3개를 연결한 삼각형(면)으로 표시할 수 있다. 숫자 3의 특성은 다음과 같다.

▶

▶ 수비학적으로 1+2의 형태이다.

▶ 셋이 모여 바로 지금, 적극적으로 자기표현을 하며 활기를 띤다.

▶ 낙천적인, 창조적인 활동을 하며 생동감이 있고 낙관적이어서 차분함이 요구된다.

▶ 충동적이고 너무 급하여 에너지가 분산되기도 한다.

▶ 개성 있는 성향을 중심으로 주변과 관계를 가지며, 개척정신을 발휘한다.

▶ 삼각형(면)이 최초로 등장, 물질적인 부분과 연계될 수 있다.

Number 4

　숫자 4는 토대, 안정성, 현상, 정지로 대표되는 숫자이다. 도형으로의 표시는 점 4개가 연결되는 사각형(평면)으로 표시할 수 있다. 숫자 4의 특성은 다음과 같다.

▶

▶ 수비학적으로 2+2의 형태이다.

▶ 현실적인 질서, 안정이 이루어지고, 계획적이고 구체적으로 행동한다.

▶ 정확한 시간을 요구하지만, 천천히 여유로움을 즐긴다.

▶ 자기규제 등 질서가 부여되고 집중, 끈기에 의한 관리가 이루어진다.

▶ 보수적이고 완고하며 틀에 끼워 맞추는 등 통제를 요구한다.

▶ 안정을 제일 우선시하고 서로를 신뢰하며 신중하고 사려 깊다.

Number 5

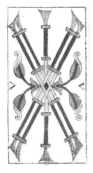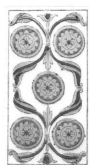

숫자 5는 변화, 불안정성, 고통을 동반한, 이겨낼 수 있는 변화로 대표되는 숫자이다. 도형으로의 표시는 점 5개가 연결되는 사각뿔(입체)로 표시할 수 있다. 숫자 5의 특성은 다음과 같다.

▶
▶ 수비학적으로 2+3의 형태이다.
▶ 참을성이 부족하며 빠른 속도로 미래를 향해 진보적 시도가 이루어진다.
▶ 유연함과 대담함이 있지만, 혼란성과 무책임함도 있어 불확실하며 손실이 생긴다.
▶ 독특한 매력이 돋보이고 자유로운 관계가 형성되나 독선적이고 반사회적일 수 있다.

Number 6

숫자 6은 완성, 이상주의, 완벽함, 성공적으로 변화를 마침으로 대표되는 숫자이다. 도형으로의 표시는 점 6개가 연결되는 수정 모양(입체)으로 표시할 수 있다. 숫자 6의 특성은 다음과 같다.

▶

▶ 수비학적으로 3+3의 형태이다.

▶ 5에서의 불안함과 혼란함에 하나가 더해져 낭만적인 완벽한 이상주 의를 추구한다.

▶ 신중함이 요구되며, 책임감이 있고 따뜻하며 조화롭다.

▶ 현실감이 필요하며, 이상만 추구하다 현실성이 결여될 수 있다.

▶ 감정적인 사랑에 민감하고 균형적이다.

▶ 베풂, 희생, 봉사의 관계를 형성한다.

Number 7

  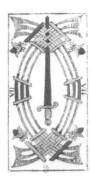 

숫자 7은 큰 변화, 막을 수 없는 변화, 각성, 새로움에 눈 뜸, 전망, 통찰력이 가져다주는 변화로 대표되는 숫자이다. 도형으로의 표시는 점 7개가 연결되는 내부에 점이 찍힌 수정 모양(입체)으로 표시할 수 있다. 숫자 7의 특성은 다음과 같다.

▶

▶ 수비학적으로 3+4의 형태이다.
▶ 이상을 추구한 6에 하나가 더해지니 막아내기 힘든 큰 변화가 생긴다.
▶ 고독하고 은둔적이며, 개인적이고 분석적, 철학적이다.
▶ 자신의 내면적 사고 안에 머물게 된다.
▶ 당연히 인간관계의 부재로 고립되고 우울하다.
▶ 조용한 사색을 통해 개인적이고, 내성적인 관계를 형성한다.

Number 8

숫자 8은 조직화를 통한 상황에 대한 지배, 통제, 자유로운 분리, 새로운 조직화, 구조조정으로 대표되는 숫자이다. 도형으로의 표시는 점 8개가 연결되는 사각뿔 2개의 연결체(입체)로 표시할 수 있다. 숫자 8의 특성은 다음과 같다.

▶

▶ 수비학적으로 4+4의 형태이다.

▶ 7에서의 은둔, 고독으로부터 하나를 더해 새로운 조직화를 통해 벗어난다.

▶ 숫자 4에서의 안정을 추구하며 추진력, 힘, 용기, 판단력, 결정력이 더욱 커진다.

▶ 부에 대한 욕구와 권력을 고려하며, 조직화와 재정적인 안정을 취한다.

▶ 객관적이고 이성적이며, 권력 투쟁을 위한 리더십을 발휘한다.

Number 9

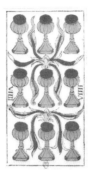

숫자 9는 각 원소(슈트)의 최댓값으로 대표되는 숫자이다. 숫자 9의 특성은 다음과 같다.

▶ **수비학적으로 4+5의 형태이다.**

▶ **각 슈트의 최댓값, 최대 강도로 완성, 종결, 완벽함이 느껴진다.**

▶ **변화보다 완벽한 마무리를 통한 성공을 원하며, 관용적이다.**

▶ **절망과 강한 슬픔, 고통을 느낄 수 있으며 감정동요가 생길 수 있다.**

▶ **경험 많은 리더로서 자비로움, 동정심과 이해심을 베푸는 리더십을 발휘한다.**

Number 10

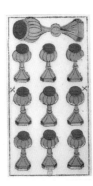

숫자 10은 모든 과정을 거친 후의 완성, 성숙함, 숙달, 경험으로 대표되는 숫자이다. 10은 새로운, 한 단계 업(UP)된 1로 나아가지만, 마이너 카드에 10번까지의 숫자가 있어 10의 의미를 별도로 정리하여 본다. 숫자 10의 특성은 다음과 같다.

▶ 수비학적으로 5+5의 형태이다.

▶ 모든 과정을 거친 후의 완성, 성숙함. 뿌린 대로 거둔다.

▶ 과거를 청산하고 완성과 재생을 통해 한 단계 업그레이드된 새로운 시작이 진행된다.

▶ 새로운 시작을 위해서 용기와 독립심 강한 자기 확신이 필요하다.

▶ 10=1+0의 의미로 1의 새로운 시작의 의미와 0의 잠재력의 의미가 내재 되어있다.

3. 마이너카드 - (1) 바통(BATON) / 완드(WANDS)

완드 에이스

불(완드, 火) : 열정, 의지, 에너지, 잠재력

뜨겁고 건조, 확장성, 열정적, 즉흥적, 능동적

유니버셜웨이트

숫자 1
순수함, 새로움, 시작, 의지로 대표되는 숫자,
점 1개로 표시 ○

적극적, 의지적, 목표지향적, 새로운 시작, 자발적, 인내심 부족, 고독함, 확신, 생명력, 독선적, 공격적, 책임성, 리더십, 개성

카드 핵심 의미

계획의 시작, 열정의 표출,
에너지의 발산, 의지적 목표

완드 2

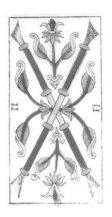

불(완드, 火) : 열정, 의지, 에너지, 잠재력

뜨겁고 건조, 확장성, 열정적, 즉흥적, 능동적

숫자 2
관계, 이중성, 양자의 균형으로 대표되는 숫자,
점 2개가 연결되는 선 ○━○

1+1, 관계, 인내심, 수동적, 의존적, 협동심,
평화, 균형, 조화, 중재, 대립, 갈등, 소극적,
민감함, 섬세함

유니버셜웨이트

카드 핵심 의미

창조적 시작, 조화와 균형,
갈등과 대립, 의지의 개선

123

완드 3

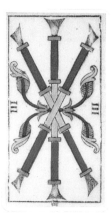

불(완드, 火) : 열정, 의지, 에너지, 잠재력

뜨겁고 건조, 확장성, 열정적, 즉흥적, 능동적

+

숫자 3
종합, 협력, 불안감, 확장으로 대표 되는 숫자, 점 3개를 연결한 삼각형(면)

1+2, 낙천적, 창조적, 활동력, 활기, 생동감, 차분함 요구, 충동적, 에너지 분산, 개척정신, 최초의 영역

유니버셜웨이트

카드 핵심 의미

의지의 확장, 용기의 결단,
독립적 성장, 에너지의 강한 표출

완드 4

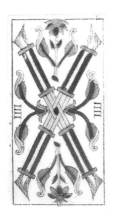

불(완드, 火) : 열정, 의지, 에너지, 잠재력

뜨겁고 건조, 확장성, 열정적, 즉흥적, 능동적

+

숫자 4
**토대, 안정성, 현상, 정지로 대표 되는 숫자,
점 4개가 연결되는 사각형(평면)**

2+2, 질서 안정, 신뢰, 계획적, 구체적, 집중, 끈기, 보수적, 완고함, 신중, 사려 깊음, 안정 추구

유니버셜웨이트

카드 핵심 의미

안정된 기반, 계획의 성공,
행동에 대한 보상, 성공적 실현

완드 5

불(완드, 火) : 열정, 의지, 에너지, 잠재력

뜨겁고 건조, 확장성, 열정적, 즉흥적, 능동적

숫자 5
변화, 불안정성, 고통을 동반한, 이겨낼 수 있는 변화로 대표되는 숫자, 점 5개가 연결되는

사각뿔(입체)

2+3, 진보적 시도, 참을성 부족, 빠른 진행, 혼란성, 무책임, 자유로운 관계 형성, 독선적, 반사회적, 독특한 매력

유니버셜웨이트

카드 핵심 의미

상승을 위한 에너지 분출,
발전을 위한 시도, 변화를 위한 확장

완드 6

불(완드, 火) : 열정, 의지, 에너지, 잠재력

뜨겁고 건조, 확장성, 열정적, 즉흥적, 능동적

+

숫자 6
완성, 이상주의, 완벽함, 성공적으로 변화를
마침으로 대표되는 숫자, 점 6개가 연결되는
수정 모양(입체)

3+3, 낭만적인 완벽한 이상주의, 신중함, 조
화적, 균형적, 현실감 필요, 따뜻함, 베풂, 희
생, 봉사, 감정적인 사랑에 민감

유니버셜웨이트

카드 핵심 의미

의지의 새로운 완성,
이상적 열정의 목표 달성, 확장 후의 성공

127

완드 7

불(완드, 火) : 열정, 의지, 에너지, 잠재력

뜨겁고 건조, 확장성, 열정적, 즉흥적, 능동적

숫자 7

큰 변화, 막을 수 없는 변화, 각성, 새로움에 눈 뜸, 전망, 통찰력이 가져다주는 변화로 대표되는 숫자, 점 7개가 연결되는 내부에 점이 찍힌 수정 모양(입체)

3+4, 큰 변화, 개인주의, 분석적, 철학적, 내면적, 고립, 우울, 내성적, 조용한 사색

유니버셜웨이트

카드 핵심 의미

강한 에너지의 발산,
성공 유지를 위한 의지, 소유를 위한 열정

완드 8

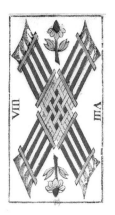

불(완드, 火) : 열정, 의지, 에너지, 잠재력

뜨겁고 건조, 확장성, 열정적, 즉흥적, 능동적

+

숫자 8

조직화를 통한 상황에 대한 지배, 통제, 자유로운 분리, 새로운 조직화, 구조조정으로 대표되는 숫자, 점 8개가 연결되는 사각뿔 2개의 연결체(입체)

4+4, 새로운 조직화, 추진력, 힘, 용기, 판단력, 결정력, 리더십, 재정적인 안정, 이성적, 객관적

유니버셜웨이트

카드 핵심 의미

안정을 위한 재구조화,
재정립을 통한 안정, 에너지의 안정 추구

129

완드 9

불(완드, 火) : 열정, 의지, 에너지, 잠재력

뜨겁고 건조, 확장성, 열정적, 즉흥적, 능동적

숫자 9
각 원소(슈트)의 최댓값으로 대표되는 숫자

4+5, 각 슈트의 최댓값, 최대 강도의 완성, 종결, 완벽함, 완벽한 마무리, 지연, 꾸물거림, 관용적, 감정동요, 자비로움, 동정심, 이해심

유니버셜웨이트

카드 핵심 의미

의지의 절정,
에너지의 최대화, 행동에 대한 책임감

완드 10

불(완드, 火) : 열정, 의지, 에너지, 잠재력

뜨겁고 건조, 확장성, 열정적, 즉흥적, 능동적

숫자 10
모든 과정을 거친 후의 완성, 성숙함. 숙달, 경험으로 대표되는 숫자

5+5, 새로운 한 단계 업(UP)된 시작, 완성, 성숙함, 용기, 독립심, 강한 자기 확신

유니버셜웨이트

카드 핵심 의미

최종적 목표 달성,
의지의 실현, 새로운 단계 의지의 시작

완드 시종

불(완드, 火) : 열정, 의지, 에너지, 잠재력

뜨겁고 건조, 확장성, 열정적, 즉흥적, 능동적

시종

10대, 시작, 경험 부족,
호기심, 순수함, 열정적, 실행력 부족

유니버셜웨이트

카드 핵심 의미

순수하고 의지 있는 인물,
열정을 가진 야망에 찬 인물,
잠재력을 소유하고 새로운 계획을 세우는 인물

완드 기사

CAVALIER DE BATON

불(완드, 火) : 열정, 의지, 에너지, 잠재력

뜨겁고 건조, 확장성, 열정적, 즉흥적, 능동적

기사

20대, 강한 행동력,
혈기, 열정적, 용감함, 에너지

유니버셜웨이트

KNIGHT of WANDS.

카드 핵심 의미

혈기 왕성한 용감한 인물,
열정을 가진 즉흥적인 인물,
열정적이고 행동력이 넘치는 인물

133

완드 여왕

불(완드, 火) : 열정, 의지, 에너지, 잠재력

뜨겁고 건조, 확장성, 열정적, 즉흥적, 능동적

여왕

30대(또는 성인),
포용감, 헌신적, 감성적, 지적

유니버셜웨이트

카드 핵심 의미

포용력을 소유한 열정적 인물,
열정을 가진 헌신적 인물,
잠재력에 대한 자신감을 가진 포용적 인물

완드 왕

불(완드, 火) : 열정, 의지, 에너지, 잠재력

뜨겁고 건조, 확장성, 열정적, 즉흥적, 능동적

왕

유니버셜웨이트

40대(또는 성인), 자신감,
권위, 배려심, 책임감, 전문성, 체계성

카드 핵심 의미

당당함을 소유한 열정적 인물,
행동에 대한 자신감을 가진 권위적 인물,
행동에 대한 책임감을 가진 인물

135

(2) 쿠페(COUPE) / 컵(CUPS)

컵 에이스

물(컵, 水) : 감정, 사랑, 연민, 관계, 우정

차갑고 습함, 응집성, 감성적, 우유부단

유니버셜웨이트

숫자 1
순수함, 새로움, 시작, 의지로 대표되는 숫자,
점 1개로 표시 ○

적극적, 의지적, 목표지향적, 새로운 시작, 자
발적, 인내심 부족, 고독함, 확신, 생명력, 독
선적, 공격적, 책임성, 리더십, 개성

카드 핵심 의미

감정 발현의 시작, 관계의 시작,
감성적 만남, 사랑의 시작

컵 2

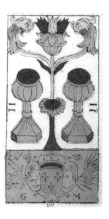

물(컵, 水) : 감정, 사랑, 연민, 관계, 우정

차갑고 습함, 응집성, 감성적, 우유부단

유니버셜웨이트

숫자 2
**관계, 이중성, 양자의 균형으로 대표되는 숫자,
점 2개가 연결되는 선 ●━●**

1+1, 관계, 인내심, 수동적, 의존적, 협동심,
평화, 균형, 조화, 중재, 대립, 갈등, 소극적,
민감함, 섬세함

카드 핵심 의미

관계의 융화, 관계의 결합,
사랑의 개화(開花), 상호 보완적 교류

컵 3

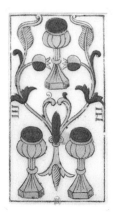

물(컵, 水) : 감정, 사랑, 연민, 관계, 우정

차갑고 습함, 응집성, 감성적, 우유부단

+

숫자 3
종합, 협력, 불안감, 확장으로 대표 되는 숫
자, 점 3개를 연결한 삼각형(면)

1+2, 낙천적, 창조적, 활동력, 활기, 생동감,
차분함 요구, 충동적, 에너지 분산, 개척정신,
최초의 영역

유니버셜웨이트

카드 핵심 의미

사랑으로의 발전,
아이의 출산, 가족의 형성, 사랑의 결실

컵 4

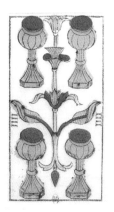

물(컵, 水) : 감정, 사랑, 연민, 관계, 우정

차갑고 습함, 응집성, 감성적, 우유부단

+

유니버셜웨이트

숫자 4
토대, 안정성, 현상, 정지로 대표 되는 숫자,

점 4개가 연결되는 사각형(평면)

2+2, 질서 안정, 신뢰, 계획적, 구체적, 집중, 끈기, 보수적, 완고함, 신중, 사려 깊음, 안정 추구

카드 핵심 의미

정체기, 관계의 무기력
감정적 안정, 정지된 교류

컵 5

물(컵, 水) : 감정, 사랑, 연민, 관계, 우정

차갑고 습함, 응집성, 감성적, 우유부단

+

숫자 5
변화, 불안정성, 고통을 동반한, 이겨낼 수 있는 변화로 대표되는 숫자, 점 5개가 연결되는

사각뿔(입체)

유니버셜웨이트

2+3, 진보적 시도, 참을성 부족, 빠른 진행, 혼란성, 무책임, 자유로운 관계 형성, 독선적, 반사회적, 독특한 매력

카드 핵심 의미

새로운 감정, 감정적 변화,
일시적인 분리(헤어짐), 부분적 손실,

컵 6

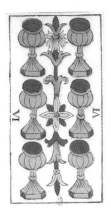

물(컵, 水) : 감정, 사랑, 연민, 관계, 우정

차갑고 습함, 응집성, 감성적, 우유부단

+

숫자 6
완성, 이상주의, 완벽함, 성공적으로 변화를 마침으로 대표되는 숫자, 점 6개가 연결되는 수정 모양(입체)

유니버셜웨이트

3+3, 낭만적인 완벽한 이상주의, 신중함, 조화적, 균형적, 현실감 필요, 따뜻함, 베풂, 희생, 봉사, 감정적인 사랑에 민감

카드 핵심 의미

순수한 사랑, 이상적인 관계,
감정적 안정, 일시적 조화로운 관계

컵 7

물(컵, 水) : 감정, 사랑, 연민, 관계, 우정

차갑고 습함, 응집성, 감성적, 우유부단

숫자 7
큰 변화, 막을 수 없는 변화, 각성, 새로움에 눈 뜸, 전망, 통찰력이 가져다주는 변화로 대표되는 숫자, 점 7개가 연결되는 내부에 점이 찍힌 수정 모양(입체)

3+4, 큰 변화, 개인주의, 분석적, 철학적, 내면적, 고립, 우울, 내성적, 조용한 사색

유니버셜웨이트

카드 핵심 의미

감정적 정체, 충동적 관계,
일방적 관계, 감춰진 감정

컵 8

물(컵, 水) : 감정, 사랑, 연민, 관계, 우정

차갑고 습함, 응집성, 감성적, 우유부단

숫자 8
조직화를 통한 상황에 대한 지배, 통제, 자유
로운 분리, 새로운 조직화, 구조조정으로 대
표되는 숫자, 점 8개가 연결되는 사각뿔 2개
의 연결체(입체)

유니버셜웨이트

4+4, 새로운 조직화, 추진력, 힘, 용기, 판단력,
결정력, 리더십, 재정적인 안정, 이성적, 객관적

카드 핵심 의미

감정적 단절, 일방적 관계,
관계의 정체와 갈등, 은폐된 감정

컵 9

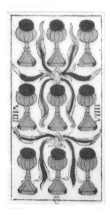

물(컵, 水) : 감정, 사랑, 연민, 관계, 우정

차갑고 습함, 응집성, 감성적, 우유부단

유니버셜웨이트

숫자 9
각 원소(슈트)의 최댓값으로 대표되는 숫자

4+5, 각 슈트의 최댓값, 최대 강도의 완성, 종결, 완벽함, 완벽한 마무리, 지연, 꾸물거림, 관용적, 감정동요, 자비로움, 동정심, 이해심

카드 핵심 의미

감정적 안정, 성숙한 사랑,
완벽한 결혼, 만혼, 감정 충만

컵 10

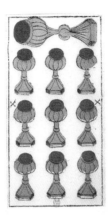

물(컵, 水) : 감정, 사랑, 연민, 관계, 우정

차갑고 습함, 응집성, 감성적, 우유부단

숫자 10
모든 과정을 거친 후의 완성, 성숙함. 숙달, 경험으로 대표되는 숫자

5+5, 새로운 한 단계 업(UP)된 시작, 완성, 성숙함, 용기, 독립심, 강한 자기 확신

유니버셜웨이트

카드 핵심 의미

새로운 관계 또는 단계의 시작,
감정적인 만족, 안정적인 관계

145

컵 시종

물(컵, 水) : 감정, 사랑, 연민, 관계, 우정

차갑고 습함, 응집성, 감성적, 우유부단

시종

10대, 시작, 경험 부족,
호기심, 순수함, 열정적, 실행력 부족

유니버셜웨이트

카드 핵심 의미

감성적인 시작을 알리는 인물,
순수한 감정을 가진 야망에 찬 인물,
순수하고 감성적인 인물

컵 기사

물(컵, 水) : 감정, 사랑, 연민, 관계, 우정

차갑고 습함, 응집성, 감성적, 우유부단

기사

20대, 강한 행동력,
혈기, 열정적, 용감함, 에너지

유니버셜웨이트

카드 핵심 의미

혈기 왕성한 감성적인 인물,
감정이 풍부한 즉흥적인 인물,
열정적이고 감성이 넘치는 인물

147

컵 여왕

REYNE DE COUPE

물(컵, 水) : 감정, 사랑, 연민, 관계, 우정

차갑고 습함, 응집성, 감성적, 우유부단

여왕

30대(또는 성인),
포용감, 헌신적, 감성적, 지적

유니버셜웨이트

QUEEN of CUPS.

카드 핵심 의미

폐쇄적이고 감성적 인물,
깊은 감정을 가진 헌신적 인물,
감성에 대한 자신감을 가진 인물

컵 왕

ROY DE COUPE

물(컵, 水) : 감정, 사랑, 연민, 관계, 우정

차갑고 습함, 응집성, 감성적, 우유부단

왕

40대(또는 성인), 자신감,
권위, 배려심, 책임감, 전문성, 체계성

유니버셜웨이트

KING of CUPS.

카드 핵심 의미

당당함을 소유한 감성적 인물,
감정의 기복이 있는 권위적 인물,
감성에 대한 책임감을 가진 인물

(3) 에페(EPEE) / 소드(SWORDS)

소드 에이스

공기(소드, 風) : 사고, 논리, 갈등, 판단력, 지식, 지성, 투쟁, 이성

뜨겁고 습함, 유동성,
민첩함, 논리적, 분석적, 임기응변

숫자 1
순수함, 새로움, 시작, 의지로 대표되는 숫자, 점 1개로 표시 ○

적극적, 의지적, 목표지향적, 새로운 시작, 자발적, 인내심 부족, 고독함, 확신, 생명력, 독선적, 공격적, 책임성, 리더십, 개성

유니버셜웨이트

카드 핵심 의미

강한 의지의 표출, 갈등의 시작,
상승적 욕구, 강력한 자기표현

소드 2

공기(소드, 風) : 사고, 논리, 갈등, 판단력,
지식, 지성, 투쟁, 이성

뜨겁고 습함, 유동성,
민첩함, 논리적, 분석적, 임기응변

+

숫자 2
관계, 이중성, 양자의 균형으로 대표되는 숫자,
점 2개가 연결되는 선

1+1, 관계, 인내심, 수동적, 의존적, 협동심,
평화, 균형, 조화, 중재, 대립, 갈등, 소극적,
민감함, 섬세함

유니버셜웨이트

카드 핵심 의미

갈등의 상황, 일시적인 균형,
인위적인 조화, 숨겨진 대립

소드 3

공기(소드, 風) : 사고, 논리, 갈등, 판단력, 지식, 지성, 투쟁, 이성

뜨겁고 습함, 유동성, 민첩함, 논리적, 분석적, 임기응변

+

유니버셜웨이트

숫자 3

종합, 협력, 불안감, 확장으로 대표 되는 숫자, 점 3개를 연결한 삼각형(면)

1+2, 낙천적, 창조적, 활동력, 활기, 생동감, 차분함 요구, 충동적, 에너지 분산, 개척정신, 최초의 영역

카드 핵심 의미

감정적 상처, 혼돈의 무질서,
대립 상황의 현실화, 갈등의 표출

소드 4

공기(소드, 風) : 사고, 논리, 갈등, 판단력, 지식, 지성, 투쟁, 이성

뜨겁고 습함, 유동성,
민첩함, 논리적, 분석적, 임기응변

숫자 4
토대, 안정성, 현상, 정지로 대표 되는 숫자,
점 4개가 연결되는 사각형(평면)

2+2, 질서 안정, 신뢰, 계획적, 구체적, 집중, 끈기, 보수적, 완고함, 신중, 사려 깊음, 안정 추구

유니버셜웨이트

카드 핵심 의미

대립 상황의 숨 고르기,
사고의 재정립, 혼돈 해결을 위한 고민

소드 5

공기(소드, 風) : 사고, 논리, 갈등, 판단력, 지식, 지성, 투쟁, 이성

뜨겁고 습함, 유동성, 민첩함, 논리적, 분석적, 임기응변

+

숫자 5
변화, 불안정성, 고통을 동반한, 이겨낼 수 있는 변화로 대표되는 숫자, 점 5개가 연결되는

사각뿔(입체)

2+3, 진보적 시도, 참을성 부족, 빠른 진행, 혼란성, 무책임, 자유로운 관계 형성, 독선적, 반사회적, 독특한 매력

유니버셜웨이트

카드 핵심 의미

갈등 해결을 위한 새로운 시도,
고민 후의 적극적 행동, 문제 해결적 행동

소드 6

공기(소드, 風) : 사고, 논리, 갈등, 판단력, 지식, 지성, 투쟁, 이성

뜨겁고 습함, 유동성,
민첩함, 논리적, 분석적, 임기응변

숫자 6
완성, 이상주의, 완벽함, 성공적으로 변화를
마침으로 대표되는 숫자, 점 6개가 연결되는
수정 모양(입체)

3+3, 낭만적인 완벽한 이상주의, 신중함, 조
화적, 균형적, 현실감 필요, 따뜻함, 베풂, 희
생, 봉사, 감정적인 사랑에 민감

유니버셜웨이트

카드 핵심 의미

문제 해결을 위한 이성적 행동,
갈등 상황의 화합, 안정을 위한 사고

소드 7

공기(소드, 風) : 사고, 논리, 갈등, 판단력, 지식, 지성, 투쟁, 이성

뜨겁고 습함, 유동성, 민첩함, 논리적, 분석적, 임기응변

숫자 7
큰 변화, 막을 수 없는 변화, 각성, 새로움에 눈 뜸, 전망, 통찰력이 가져다주는 변화로 대표되는 숫자, 점 7개가 연결되는 내부에 점이 찍힌 수정 모양(입체)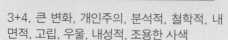

유니버셜웨이트

3+4, 큰 변화, 개인주의, 분석적, 철학적, 내면적, 고립, 우울, 내성적, 조용한 사색

카드 핵심 의미

갈등 해결을 위한 추가적 시도, 문제 해결을 위한 교묘함, 임시방편적인 행동

소드 8

공기(소드, 風) : 사고, 논리, 갈등, 판단력, 지식, 지성, 투쟁, 이성

뜨겁고 습함, 유동성,
민첩함, 논리적, 분석적, 임기응변

+

숫자 8
조직화를 통한 상황에 대한 지배, 통제, 자유로운 분리, 새로운 조직화, 구조조정으로 대표되는 숫자, 점 8개가 연결되는 사각뿔 2개의 연결체(입체)

유니버셜웨이트

4+4, 새로운 조직화, 추진력, 힘, 용기, 판단력,
결정력, 리더십, 재정적인 안정, 이성적, 객관적

↓

카드 핵심 의미

갈등 상황의 난관,
문제 상황으로부터의 갈등, 진퇴양난

소드 9

공기(소드, 風) : 사고, 논리, 갈등, 판단력,
지식, 지성, 투쟁, 이성

뜨겁고 습함, 유동성,
민첩함, 논리적, 분석적, 임기응변

유니버셜웨이트

숫자 9
각 원소(슈트)의 최댓값으로 대표되는 숫자

4+5, 각 슈트의 최댓값, 최대 강도의 완성, 종
결, 완벽함, 완벽한 마무리, 지연, 꾸물거림,
관용적, 감정동요, 자비로움, 동정심, 이해심

카드 핵심 의미

갈등으로 인한 정신적 고통,
문제 상황에의 몰두, 터질듯한 스트레스

소드 10

공기(소드, 風) : 사고, 논리, 갈등, 판단력, 지식, 지성, 투쟁, 이성

뜨겁고 습함, 유동성,
민첩함, 논리적, 분석적, 임기응변

숫자 10
모든 과정을 거친 후의 완성, 성숙함. 숙달,
경험으로 대표되는 숫자

5+5, 새로운 한 단계 업(UP)된 시작, 완성,
성숙함, 용기, 독립심, 강한 자기 확신

유니버셜웨이트

카드 핵심 의미

육체적 몰락, 사고의 끝장
새로운 단계 사고의 시작, 새로운 희망

소드 시종

공기(소드, 風) : 사고, 논리, 갈등, 판단력,
지식, 지성, 투쟁, 이성

뜨겁고 습함, 유동성,
민첩함, 논리적, 분석적, 임기응변

시종

10대, 시작, 경험 부족,
호기심, 순수함, 열정적, 실행력 부족

유니버셜웨이트

카드 핵심 의미

호기심이 싹트기 시작한 인물,
순수한 논리를 가진 야심에 찬 인물,
순수한 사고를 시작하는 인물

소드 기사

공기(소드, 風) : 사고, 논리, 갈등, 판단력, 지식, 지성, 투쟁, 이성

뜨겁고 습함, 유동성,
민첩함, 논리적, 분석적, 임기응변

+

기사

20대, 강한 행동력,
혈기, 열정적, 용감함, 에너지

유니버셜웨이트

카드 핵심 의미

혈기 왕성하고 사고적인 인물,
사고를 소유한 즉흥적인 인물,
논리적이고 판단력이 요구되는 인물

소드 여왕

공기(소드, 風) : 사고, 논리, 갈등, 판단력, 지식, 지성, 투쟁, 이성

뜨겁고 습함, 유동성,
민첩함, 논리적, 분석적, 임기응변

여왕

유니버셜웨이트

30대(또는 성인),
포용감, 헌신적, 감성적, 지적

카드 핵심 의미

포용력을 소유한 사고적 인물,
심오한 논리를 가진 인물,
사고에 대한 자신감을 가진 인물

소드 왕

ROY D'EPEE

공기(소드, 風) : 사고, 논리, 갈등, 판단력, 지식, 지성, 투쟁, 이성

뜨겁고 습함, 유동성,
민첩함, 논리적, 분석적, 임기응변

왕

40대(또는 성인), 자신감,
권위, 배려심, 책임감, 전문성, 체계성

유니버셜웨이트

KING of SWORDS.

카드 핵심 의미

자신감이 넘치는 논리적 인물,
사고에 대한 자신감을 가진 권위적 인물,
신념과 책임감을 가진 인물

163

(4) 드니에(DENIERS) / 펜타클(PENTACLES)

펜타클 에이스

흙(펜타클, 地) : 돈, 경제, 물질, 기반환경, 명예, 직업

차갑고 건조함, 안정성, 유지성, 신뢰, 성실

숫자 1
순수함, 새로움, 시작, 의지로 대표되는 숫자, 점 1개로 표시 ○

적극적, 의지적, 목표지향적, 새로운 시작, 자발적, 인내심 부족, 고독함, 확신, 생명력, 독선적, 공격적, 책임성, 리더십, 개성

유니버셜웨이트

카드 핵심 의미

계획의 시작, 실현을 위한 시작,
변화를 위한 시작, 큰 수익, 황금(태양)

펜타클 2

흙(펜타클, 地) : 돈, 경제, 물질, 기반환경,
명예, 직업

차갑고 건조함, 안정성, 유지성, 신뢰, 성실

숫자 2
관계, 이중성, 양자의 균형으로 대표되는 숫자,
점 2개가 연결되는 선 ○━○

1+1, 관계, 인내심, 수동적, 의존적, 협동심,
평화, 균형, 조화, 중재, 대립, 갈등, 소극적,
민감함, 섬세함

유니버셜웨이트

카드 핵심 의미

현실적 불안정, 현실적 관계, 기다림,
상황적 인내, 균형이 필요한 기회, 조율

펜타클 3

흙(펜타클, 地) : 돈, 경제, 물질, 기반환경, 명예, 직업

차갑고 건조함, 안정성, 유지성, 신뢰, 성실

+

숫자 3
종합, 협력, 불안감, 확장으로 대표 되는 숫자, 점 3개를 연결한 삼각형(면)

1+2, 낙천적, 창조적, 활동력, 활기, 생동감, 차분함 요구, 충동적, 에너지 분산, 개척정신, 최초의 영역

유니버설웨이트

카드 핵심 의미

안정적인 상황, 능력의 발휘,
부분적 결실, 안정적 만남, 현실적 교류

펜타클 4

**흙(펜타클, 地) : 돈, 경제, 물질, 기반환경,
명예, 직업**

차갑고 건조함, 안정성, 유지성, 신뢰, 성실

+

숫자 4
**토대, 안정성, 현상, 정지로 대표 되는 숫자,
점 4개가 연결되는 사각형(평면)**

2+2, 질서 안정, 신뢰, 계획적, 구체적, 집중, 끈
기, 보수적, 완고함, 신중, 사려 깊음, 안정 추구

유니버셜웨이트

카드 핵심 의미

안정적 관리, 안정적 균형, 신뢰 구축
현실적 안정, 유리한 상황, 신중한 상황

펜타클 5

흙(펜타클, 地) : 돈, 경제, 물질, 기반환경,
명예, 직업

차갑고 건조함, 안정성, 유지성, 신뢰, 성실

+

유니버셜웨이트

숫자 5
변화, 불안정성, 고통을 동반한, 이겨낼 수 있
는 변화로 대표되는 숫자, 점 5개가 연결되는

사각뿔(입체)

2+3, 진보적 시도, 참을성 부족, 빠른 진행,
혼란성, 무책임, 자유로운 관계 형성, 독선적,
반사회적, 독특한 매력

카드 핵심 의미

상황의 변화, 기회 상실,
경제적 어려움, 현실적 혼란, 신뢰적 상실

펜타클 6

흙(펜타클, 地) : 돈, 경제, 물질, 기반환경, 명예, 직업

차갑고 건조함, 안정성, 유지성, 신뢰, 성실

숫자 6
완성, 이상주의, 완벽함, 성공적으로 변화를 마침으로 대표되는 숫자, 점 6개가 연결되는 수정 모양(입체)

3+3, 낭만적인 완벽한 이상주의, 신중함, 조화적, 균형적, 현실감 필요, 따뜻함, 베풂, 희생, 봉사, 감정적인 사랑에 민감

유니버셜웨이트

카드 핵심 의미

균형적 배분, 공평한 산출,
상황적 안정, 현실적 발전, 이상적 분배

169

펜타클 7

흙(펜타클, 地) : 돈, 경제, 물질, 기반환경, 명예, 직업

차갑고 건조함, 안정성, 유지성, 신뢰, 성실

숫자 7

큰 변화, 막을 수 없는 변화, 각성, 새로움에 눈 뜸, 전망, 통찰력이 가져다주는 변화로 대표되는 숫자, 점 7개가 연결되는 내부에 점이 찍힌 수정 모양(입체)

유니버셜웨이트

3+4, 큰 변화, 개인주의, 분석적, 철학적, 내면적, 고립, 우울, 내성적, 조용한 사색

카드 핵심 의미

도전과 안주, 현실적인 난관, 발전적인 역동, 성찰과 시도, 재정적 어려움, 재물의 유동성

펜타클 8

흙(펜타클, 地) : 돈, 경제, 물질, 기반환경, 명예, 직업

차갑고 건조함, 안정성, 유지성, 신뢰, 성실

+

숫자 8
조직화를 통한 상황에 대한 지배, 통제, 자유로운 분리, 새로운 조직화, 구조조정으로 대표되는 숫자, 점 8개가 연결되는 사각뿔 2개의 연결체(입체)

유니버셜웨이트

4+4, 새로운 조직화, 추진력, 힘, 용기, 판단력, 결정력, 리더십, 재정적인 안정, 이성적, 객관적

카드 핵심 의미

현실적 안정, 재정적 안정, 이상적 변화,
경제적 체계 구성, 안정을 위한 근면 성실

펜타클 9

흙(펜타클, 地) : 돈, 경제, 물질, 기반환경,
명예, 직업

차갑고 건조함, 안정성, 유지성, 신뢰, 성실

숫자 9
각 원소(슈트)의 최댓값으로 대표되는 숫자

4+5, 각 슈트의 최댓값, 최대 강도의 완성, 종
결, 완벽함, 완벽한 마무리, 지연, 꾸물거림,
관용적, 감정동요, 자비로움, 동정심, 이해심

유니버셜웨이트

카드 핵심 의미

현실적 고립, 현실적 도약, 상황적 고독,
조화로운 발전, 상황적 심사숙고

펜타클 10

흙(펜타클, 地) : 돈, 경제, 물질, 기반환경,
명예, 직업

차갑고 건조함, 안정성, 유지성, 신뢰, 성실

유니버셜웨이트

숫자 10
모든 과정을 거친 후의 완성, 성숙함, 숙달,
경험으로 대표되는 숫자

5+5, 새로운 한 단계 업(UP)된 시작, 완성,
성숙함, 용기, 독립심, 강한 자기 확신

카드 핵심 의미

기존의 안정과 시작, 유산 상속,
관계의 개선 및 유지, 계속적인 만족, 재무의 안전성

펜타클 시종

흙(펜타클, 地) : 돈, 경제, 물질, 기반환경, 명예, 직업

차갑고 건조함, 안정성, 유지성, 신뢰, 성실

시종

10대, 시작, 경험 부족,
호기심, 순수함, 열정적, 실행력 부족

유니버셜웨이트

카드 핵심 의미

새로운 계획을 꿈꾸는 순수한 인물,
기반 조성을 위한 야심에 찬 인물,
순수하고 현실감 있는 인물

펜타클 기사

흙(펜타클, 地) : 돈, 경제, 물질, 기반환경,
명예, 직업

차갑고 건조함, 안정성, 유지성, 신뢰, 성실

기사

20대, 강한 행동력,
혈기, 열정적, 용감함, 에너지

카드 핵심 의미

현실적 기회를 좇는 인물,
물질을 추구하는 즉흥적인 인물,
안정적인 물질과 행동, 현실에 이끌리는 인물

펜타클 여왕

흙(펜타클, 地) : 돈, 경제, 물질, 기반환경, 명예, 직업

차갑고 건조함, 안정성, 유지성, 신뢰, 성실

여왕

30대(또는 성인),
포용감, 헌신적, 감성적, 지적

유니버셜웨이트

카드 핵심 의미

현실적이고 계산적인 인물,
물질적 여유를 가진 헌신적 인물,
투자에 대한 자신감을 가진 인물

펜타클 왕

ROY·DE·DENIERS

흙(펜타클, 地) : 돈, 경제, 물질, 기반환경, 명예, 직업

차갑고 건조함, 안정성, 유지성, 신뢰, 성실

왕

40대(또는 성인), 자신감,
권위, 배려심, 책임감, 전문성, 체계성

유니버셜웨이트

KING of PENTACLES

카드 핵심 의미

당당함을 소유한 풍요로운 인물,
물질에 대한 자신감을 가진 권위적 인물,
자산에 대한 여유를 가진 인물

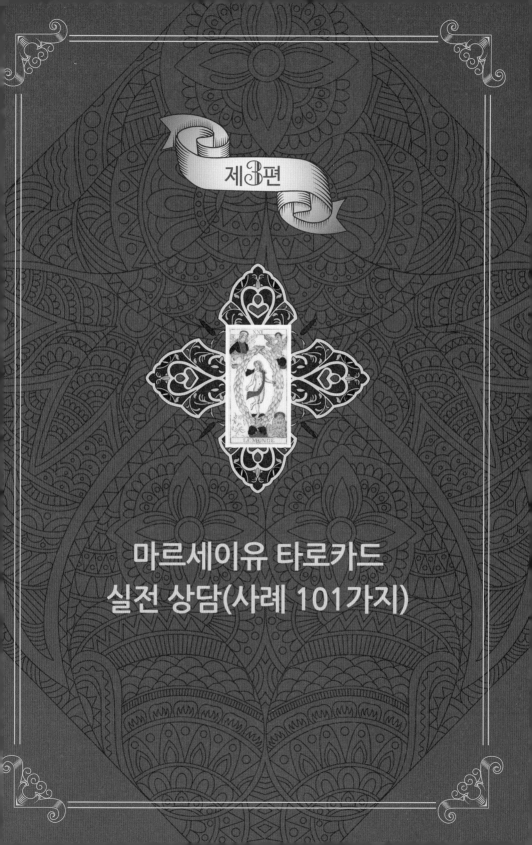

제3편

마르세이유 타로카드
실전 상담(사례 101가지)

이제 지금까지 배운 마르세이유 타로카드 개론, 마르세이유 타로카드 세부분 해를 토대로 실전 능력을 향상시킬 수 있는 실전 상담을 살펴본다.

각 배열법의 설명은 〈제1장. 마르세이유 타로카드 개론 – 6. 타로카드 실전 배열법〉에 자세히 설명해 두었다.

제3장. 마르세이유 타로카드 실전 상담의 공부 방법으로는

첫 번째 〈제1장. 마르세이유 타로카드 개론〉과 〈제2장. 마르세 이유 타로카드 세부분해〉를 몇 번이고 반복하여 완벽히 공부한 후에 최종적으로 실전 상담을 살펴보는 방법이 있으며,

두 번째는 〈제1장. 마르세이유 타로카드 개론〉부터 〈제3장. 마 르세이유 타로카드 실전 상담〉까지 한 번 살펴본 후 다시 제1장 부터 공부하는 방법이 있다.

마지막으로, 〈제3장. 마르세이유 타로카드 실전 상담〉을 먼저 살펴본 후 순차적으로 〈제1장. 마르세이유 타로카드 개론〉과 〈제 2장. 마르세이유 타로카드 세부분해〉를 살펴보는 방법 이렇게 크 게 3가지 일 것이다.

모두 좋은 학습 방법이며, 독자나 수강생이 선호하는 방법을 선 택하여 학습해 나가면 된다.

특히, 이번 실전 상담에서는 마르세이유 타로카드 전문가들의 실전 상담을 엿볼 수 있는 좋은 기회가 될 것이다.

특히, 실전 상담에서는 특정해서 정해진 상담이 있는 것이 아니

다. 전문가들의 실전 상담을 살펴본 후에는 독자들도 같이 실습을 통해서 실전 상담을 진행해 보면 좋을 듯하다.

이번 마르세이유 타로카드의 실전 상담에는 고급 실전 상담 배열법을 많이 수록하였다.

많은 타로상담 전문가들이 실전 상담에서 많이 사용하는 본인들만의 배열법을 가지고 있다. 독자 및 수강생들도 이번 실전 상담을 공부하고 실습하면서 본인이 능숙하게 잘 사용할 수 있는 배열법을 선택하는 기회가 되면 좋겠다.

이번 『실전 상담 연습』에서는 독자들에게 전문 상담 연습의 기회를 제공하고자 한다.

하나의 질문에 대해 9분의 전문 상담가들이 각각의 카드 배열에 따른 상담을 진행하여 독자들의 이해의 폭을 넓힐 수 있게 하였으며, 이는 독자들이 타로상담에 대한 사고의 확장을 이룰 수 있는 좋은 방법이 될 것이다.

하우스 배열법의 예를 들면, "저의 철학적인 부분은 무엇인지? 나의 배우자는 어떤 사람인지? 그리고 건강 부분까지 인생 전반이 궁금합니다."(30대 초반 남성) 라는 하나의 질문에 마르세이유 전문가 9분이 각각의 카드 배열에 따른 전문 상담을 진행하였다.

이는 하나의 개념에 대한 예를 반복 설명하여 학습자의 기억 향상은 물론 활용 능력도 배양하여 전문가의 길로 빠르게 안내할 수 있을 것이다.

배열법에는 형태가 정해져 있는 고정배열법과 정해진 형태가 없는 자유배열법이 있다. 일단, 고정배열법을 공부한 후 실력 향상이 이루어지면 자유배열법을 공부하는 것이 올바른 순서이다. 자유배열법 안에는 고정배열법이 포함되어 있을 수 있기 때문이다.

　고정배열법에서 많이 사용되는 방법은 원카드. 쓰리카드, 선택배열법, 매직세븐배열법, 매직크로스배열법, 이너배열법, 시계배열법, 사랑-인연 배열법, 켈틱크로스배열법, 하우스배열법, 생명의 나무 배열법 등이 있다. 특히, 마르세이유의 시선에 의한 해석 방법도 유념해서 실전 상담에 임해야 한다.

　자, 그럼 이제, 마르세이유 타로카드의 실전 상담의 세계로 나아가보자.

1. 기본 배열법 - 쓰리 카드 배열법

(1) 응시 방향에 의한 전문 상담 방법

〈사례1〉 저와 아내, 딸 2명이 한 가족입니다. 딸들은 고1, 중1입니다. 아내와 막내딸과의 트러블이 잦아지고 있습니다. 앞으로의 관계는 어떻게 될까요? (40대 후반의 남성)

〈 전문 상담 〉

　아내와 막내딸은 서로를 마주 보고 있군요(시선을 주고 있군요). 아내가 조절을 하며 절제를 하는 행동을 하는 것으로 보아 막내딸과의 컨트롤을 잘 하고 계시는군요. 또 평소에도 서로 거리낌 없는 편안한 관계입니다. 막내딸은 막내답게 자유롭고 천진난만하며 즉흥적인 행동을 하는 아이군요. 아이가 특히 엄마의 영향력을 많이 받는 관계입니다. 이런 두 사람 사이의 흐름은 큰 문제 없이 자연스럽게 풀려나갈 것입니다.

아내는 현실적이고 열정인 행동을 하고 있으며, 막내딸은 가정의 의미를 잘 알고 있는 아이입니다. 두 분은 곧 안정적으로 발전해나가게 됩니다.

〈 조언 & 코칭 〉

막내딸의 컵(물)의 요소와 아내의 펜타클(흙)의 요소가 비옥한 땅을 조성하게 됩니다. 하지만, 음(-)과 음(-)의 에너지의 결합으로 적극적이지 못하며 의사소통 영역에서 부족함을 느낄 수 있습니다. 서로 간의 많은 대화가 필요합니다.

(2) 응시 방향에 의하지 않는 일반적인 상담 방법

〈사례2〉 6개월 전에 이성과 헤어졌습니다. 그 이후에 계속 혼자 지내다 지난주 소개팅으로 만남을 가졌는데, 소개팅한 남성의 현재 상황은 어떠한가요? (20대 후반의 여성)

〈 전문 상담 〉

내담자분의 자존심이 강하고, 완벽을 추구하는 성향이지만, 소개팅을 한 남자분과 좋은 관계로 연결되기를 기대하고 있군요. 또, 은연중에 남자분의 적극적인 대시를 원하지만 먼저 나서기에는 자존심이 허락하지 않는군요. 하지만, 안타깝게도 소개팅으로 만난 남성분은 현실을 추구하는 분이나 현재 내담자분을 완벽한 여성이라고 생각하고 있지는 않습니다. 또한, 소개팅으로 만난 남성분은 참 자애로운 분이나 고리타분하고 틀에 박힌 사고방식을 가지고 있어 새로운 진취성 추구하는 창조적인 성향은 부족합니다. 너무 성급한 행동은 좋지 않은 결과를 수 있습니다.

〈 조언 & 코칭 〉

서로 간의 현실적 상황만 추구하는 것은 관계의 발전을 가져오기 어렵습니다. 각자만의 눈앞의 상황보다 상대에 대한 배려가 필요한 상황입니다. 시간을 가지고 서로를 이해해 나감이 필요합니다.

실전 상담 연습

(2) 응시 방향에 의하지 않는 일반적인 상담 방법

♣ 전문상담 : 김현식 공저 & 트레이너 ♣

〈사례3〉 6개월 전에 이성과 헤어졌습니다. 그 이후에 계속 혼자 지내다 지난주 소개팅으로 만남을 가졌는데, 소개팅한 남성의 현재 상황은 어떠한가요? (20대 후반의 여성)

〈 전문 상담 〉

내담자분은 순수하고 감정이 풍부하며 소개팅한 남자분과 행복한 만남의 시작이었다고 생각합니다. 남자분은 적극적으로 대쉬를 해오며 빠르게 진도를 나가고 싶어합니다. 그리고 쉽게 관계를 발전시킬 수 있는 사람 같습니다. 결과적으로 서로의 관심을 드러내며 관계가 발전할 것 같습니다.

〈 조언 & 코칭 〉

관계가 빠르게 진척이 되는 것은 좋은 것만은 아닙니다. 양면성, 이중성은 어디서나 존재하는 것처럼 내담자분은 상대방의 겉모습만 보지 말고 남자분의 내면은 어떤지 살펴볼 필요가 있습니다.

실전 상담 연습

(2) 응시 방향에 의하지 않는 일반적인 상담 방법

♣ 전문상담 : 강미정 공저 & 트레이너 ♣

〈사례4〉 6개월 전에 이성과 헤어졌습니다. 그 이후에 계속 혼자 지내다 지난주 소개팅으로 만남을 가졌는데, 소개팅한 남성의 현재 상황은 어떠한가요? (20대 후반의 여성)

〈 전문 상담 〉

새로 소개팅한 남성분은 약간 보수적이신 분이십니다. 이론적으로는 연애에 대해 알고 계시나 그것을 현실적으로 잘 풀어내시지를 못하셔서 답답하심을 느낄 수도 있으실 것 같습니다. 물론 상대적이긴 하지만 연애를 할 때도 때를 잘 맞추지 못해서 관찰만 하다가 끝나는 경우가 많았던 사람입니다. 타인과의 관계가 많은 일을 하는 직업을 가지신 분이기보다는 자신의 능력이 밑바탕이 되는 직업을 가지신 분인 것 같습니다. 행동력이나 유연성은 좀 부족하지만 오랜 경험과 깊은 생각, 여유로움으로 최선의 방법을 찾아내는 장점을 가진 분입니다. 기다림과 인내가 많이 필요한 관계로 서로 간의 믿음이 중요할 것 같습니다.

〈 조언 & 코칭 〉

표현력과 연애 기술이 부족한 사람이라 처음에는 힘들 수 있겠지만 여성분이 마음에 드신다면 적극적으로 자신의 마음을 표현하고 관심을 보여주시면서 기다리시면 좋은 관계를 이어나가실 수 있을 것 같습니다.

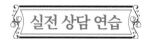

실전 상담 연습

(2) 응시 방향에 의하지 않는 일반적인 상담 방법

♣ 전문상담 : 김윤하 공저 & 트레이너 ♣

〈사례5〉 6개월 전에 이성과 헤어졌습니다. 그 이후에 계속 혼자 지내다 지난주 소개팅으로 만남을 가졌는데, 소개팅한 남성의 현재 상황은 어떠한가요? (20대 후반의 여성)

〈 전문 상담 〉

상대방은 신중하게 만남을 이어 가고 싶어 하는 상황입니다. 너무 감정에 치우치지 않으려는 태도입니다. 만남이 늘어 갈수록 서로를 알아가는 일이 녹록하지 않을 것입니다. 하지만 서로 숨기는 것 없이 만남을 이어가면 좋은 연인으로 발전할 수 있으리라 봅니다.

〈 조언 & 코칭 〉

상대에게 솔직하세요. 상대방이 던진 말은 당신을 좀 더 알고 싶다는 감정을 표현하는 신호입니다. 당신이 가진 조건을 따진다 생각하지 마시고 솔직하게 말해 주세요. 그러면 서로의 마음을 확인할 수 있고 좋은 만남을 이어갈 것입니다.

실전 상담 연습

(2) 응시 방향에 의하지 않는 일반적인 상담 방법

♣ 전문상담 : 김정숙 공저 & 트레이너 ♣

〈사례6〉 6개월 전에 이성과 헤어졌습니다. 그 이후에 계속 혼자 지내다 지난주 소개팅으로 만남을 가졌는데, 소개팅한 남성의 현재 상황은 어떠한가요? (20대 후반의 여성)

〈 전문 상담 〉

내담자분은 지혜로우면서도 안정감이 있고 수용적인 성향이지만, 대인관계에서는 자신을 잘 드러내지 않으려 하며 타인과의 교류에 다소 소극적이시군요. 자신의 문제를 솔직하게 드러내지 않고 주변의 시선을 의식하기 때문에 이전의 연애도 잘 진척되지 못했을 수 있습니다. 그에 비해 소개팅으로 만난 남성분은 아버지같이 자상하고 친절하며 상대방을 세세하게 알기를 원하고, 관계를 주도하고 싶어하는 성향입니다. 대담하면서 남에게 약간 과시하고 싶어하는 부분도 있구요. 신념이나 의지가 굳고 자존심이 서서 본인의 뜻을 밀어붙이려고 하기 때문에 두 사람 사이에 갈등이 생길 수 있습니다. 가까워질 듯하면서도 관계의 진전이 더디거나 관계가 모호해질 수 있는데 성급히 결론을 내려 하기 보다는 시간을 두고 좀더 지켜보는 것이 필요합니다.

〈 조언 & 코칭 〉

여성분은 내면세계가 깊고 포용력이 있으며 자애로운 분입니다. 그러나 자신을 드러내는 데에도 좀더 수용적인 용기가 필요해 보이네요. 남성분은 연애뿐만 아니라 원만한 대인관계를 위해서도 좀더 부드러운 자세가 요구되구요. 서로 간의 성향이나 생각을 내세우는 것은 관계의 발전을 가져오기 어렵습니다. 각자가 익숙한 방식보다 상대에 대한 배려와, 변화를 위한 용기가 필요한 상황입니다. 시간을 가지고 서로를 이해해 나가보세요.

실전 상담 연습

(2) 응시 방향에 의하지 않는 일반적인 상담 방법

♣ 전문상담 : 고선희 공저 & 트레이너 ♣

〈사례7〉 6개월 전에 이성과 헤어졌습니다. 그 이후에 계속 혼자 지내다 지난주 소개팅으로 만남을 가졌는데, 소개팅한 남성의 현재 상황은 어떠한가요? (20대 후반의 여성)

〈 전문 상담 〉

내담자분은 현실적 안정을 추구하는 성향을 가지셨네요. 현재 그 부분에 있어서 어느 정도 성과를 이루고 있는 분이시군요. 그리고 이성과의 관계에서 다소 소유욕이 강한 편이고 애정에 대한 확인도 중시하는 편이시네요.

내담자분이 6개월 전에 이성과 헤어졌다고 하셨는데 소개팅 남성분께서도 얼마 전 이별을 경험하셨네요. 남성분께서는 새로운 인연을 만나 과거의 아픔에서 벗어나고 싶은 마음에 이번 소개팅을 하신 것 같은데 아직은 과거에서 완벽하게 벗어나지 못한 상태로 보입니다. 그러나 새로운 시작을 다소 힘들어 할 수는 있지만 굳은 의지와 결단력으로 잘 헤쳐 나갈 수 있는 힘을 가진 분입니다.

현재 내담자와의 관계에서 과거의 경험(아픔) 때문인지 아직은 감정적으로 다가오기 보다는 자신을 절제하며 상대방을 조심스럽게 관찰하며 관계를 저울질하고 있는 단계입니다.

〈조언 & 코칭 〉

　남성분은 분명 과거의 아픔에서 벗어나 새로운 인연을 만나 관계의 시작을 바라는 마음이 있는 분입니다. 아직은 관계가 내담자분이 바라는 대로 확실한 관계로 발전하는 단계는 아니지만 남성분의 변화에 대한 의지를 믿고 기다려 주는 것도 필요할 듯합니다. 그리고 눈으로 보이는 애정에 대한 확인도 중요하지만 관계의 시작과 발전을 위해서는 상대를 배려하고 이해해주는 것도 큰 도움이 될 것입니다.

실전 상담 연습

(2) 응시 방향에 의하지 않는 일반적인 상담 방법

♣ 전문상담 : 이명희 공저 & 트레이너 ♣

〈사례8〉 6개월 전에 이성과 헤어졌습니다. 그 이후에 계속 혼자 지내다 지난주 소개팅으로 만남을 가졌는데, 소개팅한 남성의 현재 상황은 어떠한가요? (20대 후반의 여성)

〈 전문 상담 〉

내담자께선 지난번 남자친구와 헤어진 이후로 새로운 만남에 대한 불확실한 신념을 가지고 지내셨군요. 그러다 보니 이번 소개팅에 나가는 것 또한 매우 신중하게 생각하셔서 새로운 만남에 대한 기대뿐만 아니라 불안한 마음도 함께 가지고 계시는군요. 아직도 무의식 속에 남아있는 이별의 상처로 인해 쉽게 마음을 열지 못하는 것 같습니다. 하지만 상대 남성분은 신중하고 사려 깊어 보이는 내담자의 모습에서 호감을 느끼고 있으며 두 분의 만남을 매우 신중하게 생각하고 있습니다. 뜻밖의 상황에서 자신의 감정을 솔직하게 표현하며 두 사람 사이의 관계에 새로운 진전이 있을 수 있겠습니다.

〈 조언 & 코칭 〉

자신의 감정을 차분하고 솔직하게 들여다본 후 새로운 관계를 시작한다면 좋은 결과가 있겠습니다.

실전 상담 연습

(2) 응시 방향에 의하지 않는 일반적인 상담 방법

♣ 전문상담 : 이주연 공저 & 트레이너 ♣

〈사례9〉 6개월 전에 이성과 헤어졌습니다. 그 이후에 계속 혼자 지내다 지난주 소개팅으로 만남을 가졌는데, 소개팅한 남성의 현재 상황은 어떠한가요? (20대 후반의 여성)

 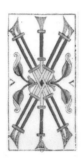 

〈 전문 상담 〉

이성과 헤어진 후에 소개팅을 했는데, 상대방의 현재의 상황이 궁금하신 거네요. 현재 상황은 좋은 편이 아닌 것 같아요. 두 분 모두 소개팅으로 만나게 된 이후, 적극적으로 관계를 이끌어 가는 것에 대하여 의지가 많이 없어 보입니다. 소개팅한 남자분과의 관계 발전을 원하신다면 상황의 개선을 위하여 적극적인 노력과 용기가 필요해 보여요. 특히 부정적인 결과를 생각하기 보다는 긍정적인 결과를 떠올리며 책임감 있는 행동으로 상대방을 이끄셔야 할 것 같아요. 그러지 않는다면, 두 분의 상황은 불투명한 상황으로 계속 이어질 것이고, 또 다시 답답함과 기다림이 계속되는 상황이 올 수 있겠네요.

〈 조언 & 코칭 〉

헤어진 후에, 새로운 사람과 다시 시작하는 것은 쉽지 않은 일이에요. 하지만 시간이 흐르면 분명 또 다른 사랑에 에너지를 받고 행복의 기운을 가지게 됩니다. 당장은 다시 시작하는 만남에 안 좋은 결과도 생각되고, 부정적인 상황도 떠올릴 수 있겠지만 시간이 흘러 점점 안좋은 상황에 대한 기억이 희미해질 거에요. 소개팅한 남성분의 상황이 궁금하셨다면 궁금하신만큼 호감이 있다는 의미인데요. 너무 급하지 않게, 조바심은 버리고 노력과 용기를 가지고 관계 발전을 위해 움직이신다면 새로운 인연을 만나게 되실 것 같아요.

(2) 응시 방향에 의하지 않는 일반적인 상담 방법

♣ 전문상담 : 이정숙 공저 & 트레이너 ♣

〈사례10〉 6개월 전에 이성과 헤어졌습니다. 그 이후에 계속 혼자 지내다 지난주 소개팅으로 만남을 가졌는데, 소개팅한 남성의 현재 상황은 어떠한가요? (20대 후반의 여성)

〈 전문 상담 〉

남성분이 한동안 연애를 하지 않아서 내담자분과 함께 소개팅 한 것이 큰 변화였을 것입니다. 그러다보니 내담자 분에게 자연스럽게 행동하기 어려웠고, 상대를 배려하지 못하는 등 만남의 과정에 어려움이 있었던 것 같아요. 그러나 남성분은 현재 당신을 '이 사람은 내 사람이구나, 내 이상형이구나!' 하고 생각해요. 한 단계 새로운 시작이라고 마음을 먹고 당신과 연애하고자 강한 의지를 갖고 있는 사람이기 때문에 그 사람이 처음에 보인 연애에 미숙한 행동은 걱정하지 않으셔도 될 것 같습니다. 서로 진솔하게 다가가고, 서로에게 바라는 것을 담담하게 이야기 하시면서 연애 하시면 관계의 시작이 될 수 있습니다.

〈 조언 & 코칭 〉

남성분이 내담자분을 이상형으로 생각하고 있고 연애와 관계의 시작이 될 수 있음을 의미하지만 그것은 시작이지 그 관계가 끝까지 어떻게 갈지는 알 수 없습니다. 일방적인 한 사람만의 이끌림, 처음 만났을 때의 매력 등은 길게 가지 않지요. 관계의 지속은 서로의 신뢰가 기반이 되어야 가능한 것으로 서로 배려하는 자세가 필요합니다. 스프레드에 소드 요소가 많은 것으로 보아 남성분의 사고와 생각에 갈등 요소가 있을 수 있습니다. 이는 서로가 바라는 부분을 이야기 하고 그것을 들어주는 마음의 여유가 있다면 마음속 갈등이 사라질 수 있음을 의미합니다.

실전 상담 연습

(2) 응시 방향에 의하지 않는 일반적인 상담 방법

♣ 전문상담 : 장영숙 공저 & 트레이너 ♣

〈사례11〉 6개월 전에 이성과 헤어졌습니다. 그 이후에 계속 혼자 지내다 지난주 소개팅으로 만남을 가졌는데, 소개팅한 남성의 현재 상황은 어떠한가요? (20대 후반의 여성)

〈 전문 상담 〉

소개팅한 남성분이 여성분에게 한눈에 반하신 것 같네요. 소개팅한 남성분은 자유로운 사고 방식을 가지셨거나 예술적 감성을 가지신 로맨틱한 성향을 가지신 분으로 보입니다. 한번 마음을 주면 푹 빠져서 헤어나지 못하는 경향도 있습니다. 여성분과 좋은 관계로 시작을 하시고 싶어 하시며 곧 연락을 하거나 구체적인 데이트 제안도 하실 것 같습니다. 시간이 지나면서 여러분에 대한 애정과 관심이 집착으로 나타날 수도 있으니 급진적인 관계나 육체적인 관계에 탐닉되지 않도록 천천히 서로를 알아가는 과정을 가지세요.

〈 조언 & 코칭 〉

남성분의 마음은 충분하신 것 같습니다. 다만 성숙한 관계로 발전을 위해서는 서로를 알아가고 서로의 취향과 관심 분야 등을 조금씩 맞춰가는 시간도 필요하겠지요. 성급한 관계보다는 천천히 마음을 맞추고 배려하는 관계가 되도록 노력하신다면 커플이 될 가능성이 높습니다.

2. 기초 배열법 - (1) 원카드 배열법

실전 상담 연습

(1) 원카드 배열법 ①

♣ 전문상담 : 김현식 공저 & 트레이너 ♣

〈사례12〉 남편 없이는 세상을 살기 어려울 것 같은 느낌이 듭니다. 또, 남편과 같이 오래오래 행복하게 살면 좋겠다는 생각도 듭니다. 남편은 나에게 어떤 의미인가요? (30대 후반 여성)

〈 전문 상담 〉

내담자분은 순수하시며 희생정신이 강하십니다. 내담자분은 큰 욕심 없이 자기희생과 헌신적인 사랑으로 가정을 이끌어가기를 희망하고 계십니다. 남편분이 아무리 힘든 시기를 지난다고 해도 희망을 가지고 잘 이겨내시며 내조를 잘 하십니다. 내담자분이 원하시는 대로 오래오래 행복하게 사실 것 같습니다.

〈 조언 & 코칭 〉

다만, 내담자분의 자신과 가정, 남편, 아이 등과의 조절과 균형을 잘 맞추어서 생활하심이 필요해 보입니다. 자신이 잘 할 수 있는 것을 찾아 자신의 꿈도 같이 이룰 수 있다면 더 좋겠지요.

《 실전 상담 연습 》

(1) 원카드 배열법 ②

♣ 전문상담 : 강미정 공저 & 트레이너 ♣

〈사례13〉 남편 없이는 세상을 살기 어려울 것 같은 느낌이 듭니다. 또, 남편과 같이 오래오래 행복하게 살면 좋겠다는 생각도 듭니다. 남편은 나에게 어떤 의미인가요? (30대 후반 여성)

〈 전문 상담 〉

남편분을 많이 사랑하고 의지하고 계시는군요. 남편분은 남성적이고 에너지가 많으신 분이신 듯 싶습니다. 남편분이 가정을 안락하고 책임감있게 잘 이끌어주시는 부분에 편안함을 느끼시고 계신 것 같습니다. 또한, 내담자분은 남편분의 남성적이고 육체적인 사랑에 많은 행복감을 느끼시는 것 같습니다.

〈 조언 & 코칭 〉

앞으로도 남편분은 추진력도 강하고 에너지도 강하신 분이라서 건강에 주의하시면서(고혈압,척추) 잘 내조하시면 계속 행복하게 사실 것 같습니다.

실전 상담 연습

(1) 원카드 배열법 ③

♣ 전문상담 : 김윤하 공저 & 트레이너 ♣

〈사례14〉남편 없이는 세상을 살기 어려울 것 같은 느낌이 듭니다. 또한, 남편과 같이 오래오래 행복하게 살면 좋겠다는 생각도 듭니다. 남편은 나에게 어떤 의미인가요? (30대 후반 여성)

〈 전문 상담 〉

남편은 매사에 당당하고 자신감이 넘치는 분이군요. 지식이나 인맥, 돈 등 노력으로 많은 것을 성취한 사람입니다. 자신이 가진 것을 남들에게 내놓기 아까워하지 않고 주위에 베풀기도 하고요. 가족에게도 마찬가지로 드러내지 않고 뒤에서 최선을 다하는 책임감이 강한 남편이네요.

〈 조언 & 코칭 〉

남편은 어떤 상황에서도 당신이 버틸 수 있게 힘을 주는 사람입니다. 오래 함께하려면 남편이 짊어진 책임을 좀 덜 수 있도록 남편에게 힘을 주세요. 남편은 주위의 기대에 못 미치는 결과를 받아들 때는 무척 힘들어하는 사람입니다. 항상 자신의 능력을 다 발휘하여 성공할 수는 없습니다. 자신의 능력을 다 살리지 못하였어도 괜찮다고 격려해 주세요.

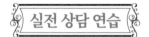

(1) 원카드 배열법 ④

♣ 전문상담 : 김정숙 공저 & 트레이너 ♣

〈사례15〉 남편 없이는 세상을 살기 어려울 것 같은 느낌이 듭니다. 또, 남편과 같이 오래오래 행복하게 살면 좋겠다는 생각도 듭니다. 남편은 나에게 어떤 의미인가요? (30대 후반 여성)

〈 전문 상담 〉

남편분은 능력있고 주관이 뚜렷하며 자신감이 넘치는 사람이군요. 책임 감이 강해서 어려운 일이 있으면 앞장서 처리를 하는 타입이며 성격도 화끈 하고 거리낌이 없어 다른 사람과의 관계에 미치는 영향력도 큰 편이에요. 내담자분을 온화하게 대해주면서도 관계의 주도권은 남편분이 가지고 있었 을 것입니다. 그래서 내담자분은 그런 남편분이 든든하고 자상하게 느껴지 고 남편 없는 세상을 살기 어렵지 않을까 하는 마음마저 드신 거겠지요. 하지만 남편분은 보이지 않는 부분보다 보이는 부분에 치중하는 면이 있어 내담자분에게 지배욕을 과시하려 할 수 있습니다. 또 자신의 기준이 앞서다 보니 상대방에 대한 배려가 조금 부족해지기도 하구요. 그럴 때 내담자분께 서, 남편분이 유연성을 가지고 상대를 조금더 보듬을 수 있도록 적절히 조 언하고 도우신다면 두 분의 관계는 더욱 좋아질 것입니다.

〈 조언 & 코칭 〉

남편분이 지배욕을 과시하려 하거나 자신의 기준이 너무 앞설 때, 적절한 조언과 애정으로 남편분이 마음의 여유를 가질 수 있게 도와준다면 더욱 행복한 관계가 될 수 있을 것입니다.

(1) 원카드 배열법 ⑤

♣ 전문상담 : 고선희 공저 & 트레이너 ♣

〈사례16〉 남편 없이는 세상을 살기 어려울 것 같은 느낌이 듭니다. 또, 남편과 같이 오래오래 행복하게 살면 좋겠다는 생각도 듭니다. 남편은 나에게 어떤 의미인가요? (30대 후반 여성)

〈 전문 상담 〉

두 분은 몸과 마음을 다해 사랑하셔서 결실을 맺으셨군요. 내담자분께서는 아직도 남편만을 바라보고 온 마음을 다해 사랑하고 계시네요.

남편 분께서도 행복한 결혼생활을 위해 남편으로서의 사랑도 충실히 하며 또한 현실적인 안정을 이끌어줄 가장으로써의 책임에도 충실하고 있습니다.

결혼생활을 하다 보면 여러 가지 선택의 상황들이 발생하기 마련인데 이런 상황에서 지금처럼 현실적 유혹보다는 두 분의 사랑과 신뢰를 우선에 두는 삶을 살아가신다면 내담자께서 꿈꾸시는 오랫동안 행복한 결혼생활을 유지할 수 있으실 것입니다.

〈 조언 & 코칭 〉

사랑의 결실은 서로에 대한 믿음과 책임으로 완성될 수 있을 것입니다.

이러한 관점에서 두 분은 현재 매우 행복한 결혼생활을 유지하고 계십니다. 앞으로도 지금처럼 서로에 대한 이해와 배려 속에서 흔들리지 않는 믿음을 보여주신다면 꿈꾸시는 행복한 결혼생활을 오래오래 함께 하실 수 있을 것입니다.

실전 상담 연습

(1) 원카드 배열법 ⑥

♣ 전문상담 : 이명희 공저 & 트레이너 ♣

〈사례17〉 남편 없이는 세상을 살기 어려울 것 같은 느낌이 듭니다. 또, 남편과 같이 오래오래 행복하게 살면 좋겠다는 생각도 듭니다. 남편은 나에게 어떤 의미인가요? (30대 후반 여성)

〈 전문 상담 〉

두 분은 평소 솔직하고 진솔한 마음으로 서로를 대하며 의지하고 힘이 되어주는 사이로 보입니다, 남편께선 한결같고 변함없는 마음으로 아내를 사랑하고 있습니다. 그러나 내담자께서는 남편에 대해 신뢰하고 사랑하는 마음을 자꾸만 확인하고 싶어 하는 것 같습니다. 그러한 생각이나 행동이 오히려 남편에게는 지나친 집착이나 구속하려는 모습으로 보일 수도 있습니다. 사랑하는 마음 그 자체를 신뢰하고 인정해 줄 때 내담자께서 원하시는 바와 같이 서로의 곁에서 동반자이자 반려자로서의 의미를 확고히 해 줄 것입니다.

〈 조언 & 코칭 〉

집착하거나 소유하려고만 한다면 상대방은 오히려 거리를 두고 싶어 합니다. 오래도록 사랑하며 행복하게 살고 싶다면 신뢰를 바탕으로 적당한 거리를 두고, 있는 그대로 지켜보시기 바랍니다.

실전 상담 연습

(1) 원카드 배열법 ⑦

♣ 전문상담 : 이주연 공저 & 트레이너 ♣

〈사례18〉 남편 없이는 세상을 살기 어려울 것 같은 느낌이 듭니다. 또, 남편과 같이 오래오래 행복하게 살면 좋겠다는 생각도 듭니다. 남편은 나에게 어떤 의미인가요? (30대 후반 여성)

〈 전문 상담 〉

　남편없이는 세상을 살기 어려울 것 같고 그런 남편과 같이 오래오래 행복하게 살면 좋겠다는 생각이 들 정도로 남편에 대한 애정이 많고 많이 의지하고 계시는군요. 내담자에게 남편의 의미는 서로에게 부족한 것을 채워주고 그러한 채워짐을 통해 신뢰와 믿음을 쌓아가는 정말 중요한 존재로 보입니다. 특히 의지를 많이 하고 기대는 쪽이 내담자로 보이시고요. 항상 남편분께서는 의지를 많이 하는 내담자에게 든든한 보호자로서, 남편으로서, 함께 세상을 살아가는 파트너로 존재하고 계시는 것 같고요.

〈 조언 & 코칭 〉

　가족에서 부부의 존재는 중심입니다. 무엇을 하든 이야기를 통해 어려움을 극복해나가기 위해 함께 노력하고, 서로를 배려하고 노력해야 하는 존재입니다. 이러한 상호보완적인 존재인 부부가 어느 한쪽이 항상 의지하고 기대하고 바라는 게 계속해서 불균형한 채로 이어진다면 그 관계는 다른 한쪽이 지치고 힘들어져 깨질 수 있음을 항상 기억하셔야 합니다. 또한, 의지와 기대가 집착으로 이어지지 않도록 적절하게 균형을 잡으셔야 한다는 것도 기억하신다면 남편과 오래오래 행복하게 사실 수 있으실 거에요.

실전 상담 연습

(1) 원카드 배열법 ⑧

♣ 전문상담 : 이정숙 공저 & 트레이너 ♣

〈사례19〉 남편 없이는 세상을 살기 어려울 것 같은 느낌이 듭니다. 또, 남편과 같이 오래오래 행복하게 살면 좋겠다는 생각도 듭니다. 남편은 나에게 어떤 의미인가요? (30대 후반 여성)

〈 전문 상담 〉

　남편분을 많이 사랑하고 의지하시는군요. 두 분 중 한 분이 해외 파견, 지방 발령 등으로 원거리 근무하시거나 또는 남편분이 야근이 많아 귀가가 늦어 결혼했어도 함께하는 시간이 많지 않은 것으로 생각됩니다. 남편분이 기다려지고 그 사람이 얼른 내 곁에 왔으면 하면서 그리워하실 수 있습니다. 어떤 선택의 순간이 올 때, 고민이 생겼을 때, 곁에서 바로 상의할 사람이 필요하시지는 않나요? 아프고 위로가 필요한데 남편이 바로 곁에 없어서 어려움을 많이 느끼셨을 것 같습니다. 때론 눈물도 흘리면서 사는데 벅차고 남편이 나에게 무슨 존재인가 의문을 갖게 되기도 하실 것입니다. 그러나 남편분이 나쁜 분은 아닌 것 같습니다. 남편은 좋은 분인데 생활 패턴에 나와 떨어져 있는 시간이 많아 어려움을 느끼는 상황이지요. 이런 경우일수록 자신의 상황을 남편에게 이야기 해주는 지혜가 필요합니다. 남편은 내담자 분의 세세한 상황에 대해 잘 모를 수 있어요. 더군다나 남편 분은 지금 한창 일로 바쁠 때이기 때문에 연애할 때처럼 알아서 내담자에게 전화한다거나 챙기는 게 힘들 수 있어요.

〈 조언 & 코칭 〉

기다림과 인내가 필요한 관계입니다. 내담자분과 남편분의 나이를 볼 때 한창 업무가 많을 시기이므로 직장과 가정의 조화, 상대에 대한 이해가 필요합니다. 서로 바라는 부분을 솔직하게 털어놓으세요. 남편분이 먼저 다가와 알아서 챙겨주기 바라기보다는 자신이 바라는 부분을 당당히 이야기하시고 요구하세요. 당신 내 생일이 O일 인거 알지? 당신이 내 생일에 OO를 선물해주면 좋겠어. 나는 당신이 O시 정도에는 전화를 해주면 좋겠어. 나는 당신이 집으로 출발할 때 전화를 주면 좋겠어. 등등. 물론 남편분이 바라는 사항도 들어주어야겠지요?

(1) 원카드 배열법 ⑨

♣ 전문상담 : 장영숙 공저 & 트레이너 ♣

〈사례20〉 남편 없이는 세상을 살기 어려울 것 같은 느낌이 듭니다. 또, 남편과 같이 오래오래 행복하게 살면 좋겠다는 생각도 듭니다. 남편은 나에게 어떤 의미인가요? (30대 후반 여성)

〈 전문 상담 〉

남편 분을 무척 사랑하시는 게 느껴지는군요. 마치 부부는 일심동체인 것처럼 생각이나 행동 모든 것을 남편분에 맞추시거나 서로 의지해서 살아오셨던 거 같습니다. 남편을 생각하면 신경이 많이 쓰이고 늘 함께 해야할 것 같고 다 챙겨줘야할 것 같고 남편분에게 매몰된 삶을 사셨을 수도 있겠네요. 본인의 생각들을 자유롭게 표현하지도 않고 그저 묵묵히 남편분의 생각들을 고스란히 받아들이며 인내하고 감내하신 부분이 있어 보입니다.이런 결혼생활이 이제는 좀 지치고 힘들게 느껴지시는 부분도 있다고 보여 지네요.

부부라고 해도 나이가 들면 자기만의 영역이 필요하다고 봅니다. 서로의 평화로운 관계를 위해 새로운 변화가 필요할 것 같습니다. 지금보다 조금 덜 관심 가지고 신경 쓴다고 관계가 깨지는 것은 아니니 각자의 삶도 돌아보면서 부부관계가 더 성장할 수 있도록 서로의 관심분야를 찾아보신다면 더 행복한 삶을 살아가실 수 있을 것입니다.

〈 조언 & 코칭 〉

　수비학적으로 숫자 10은 꽉찬 숫자이며 완성을 넘어선 수입니다. 넘칠 만큼 꽉 찬 상태이므로 새로운 관계형성을 위한 변화가 필요한 시점입니다. 남편분에 대한 사랑과 의존도 적당할 때 건강한 결혼생활이 가능하니 생각을 조금 덜어낼 수 있도록 새로운 취미생활이나 다양한 사람들을 자연스럽게 만날 수 있는 새로운 교류가 필요하겠습니다.

2. 기초 배열법 - (2) 선택 배열법

실전 상담 연습

(2) 선택 배열법 ①

♣ 전문상담 : 김현식 공저 & 트레이너 ♣

〈사례21〉 지금 비정규직으로 사무업무를 보고 있습니다. 현재 다니는 직장을 계속 다니는 것이 나을지, 교사 임용고시 시험 준비를 하는 것이 나을지 잘 모르겠습니다. 어떤 흐름이 더 나을까요?(20대 후반 여성)

〈 전문 상담 〉

〈왼쪽-계속 다님〉 현재는 가능성을 가지고 일은 하고 있지만 새로운 뭔가를 찾고 싶은 마음입니다. 지금 직장에서 최선을 다해 능력을 발휘한다면 그 행위만큼의 보상도 따르게 됩니다. 따라서 지금은 비정규직이지만 회사 측과의 협상도 잘될 것 같고 금전적으로도 보상이 따를 것 같습니다.

〈오른쪽-임용시험준비〉 현재 내담자분은 교육과 맞는다는 생각으로 내심 공부 하고 싶어합니다. 하지만 공부 중 갈등과 아픔을 많이 느낄 것 같습니다. 결과적으로 공부에 대한 새로운 관점이나 변화가 생길 것 같습니다.

〈 조언 & 코칭 〉

자꾸 다른 곳을 바라보기보다는 자신감을 가지고 현 상황에서 자신의 능력을 적극적으로 발휘하는 것도 좋은 것 같습니다.

실전 상담 연습

(2) 선택 배열법 ②

♣ 전문상담 : 강미정 공저 & 트레이너 ♣

〈사례22〉 지금 비정규직으로 사무업무를 보고 있습니다. 현재 다니는 직장을 계속 다니는 것이 나을지, 교사 임용고시 시험 준비를 하는 것이 나을지 잘 모르겠습니다. 어떤 흐름이 더 나을까요?(20대 후반 여성)

〈 전문 상담 〉

비정규직으로 사무업무를 보고 계시면서 여러 가지 불공정하고 힘든 일이 많으셨지요. 그래서 교사 임용시험을 준비하려고 하시는군요. 내담자의 열정적이고 담대한 의지가 보여집니다. 비정규직으로 일하시면서 그 분야에서 성실하게 경력을 쌓으시면서 불안정하지만 이직을 하시는 일도 나빠

보이지는 않습니다. 하지만 내담자는 좀 안정된 직장을 얻고 싶으신 것 같습니다. 교사 임용 시험을 준비하시는 일도 시일이 걸리고 인내가 필요하겠지만 좋은 결과로 가는 과정일 것 같습니다.

〈 조언 & 코칭 〉

자신감을 가지고 철저하게 준비하고 인내심을 가지고 전진하신다면 목표하신 대로 안정된 직장을 얻을 수 있을 것 같습니다.

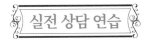

실전 상담 연습

(2) 선택 배열법 ③

♣ 전문상담 : 김윤하 공저 & 트레이너 ♣

〈사례23〉 지금 비정규직으로 사무업무를 보고 있습니다. 현재 다니는 직장을 계속 다니는 것이 나을지, 교사 임용고시 시험 준비를 하는 것이 나을지 잘 모르겠습니다. 어떤 흐름이 더 나을까요? (20대 후반 여성)

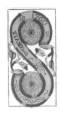

〈 전문 상담 〉

지금 다니는 직장에서는 자신의 잠재적 능력을 펼치지 못하고 있군요. 겉으로 드러나지 않지만, 직장 내에서 갈등이 점점 커질 것입니다. 다행히 당신은 지금 상황이 깨지지 않도록 잘 견디고 있고요. 교사 임용 준비를 계획하고 있으나 갈 길이 멀어 보입니다. 하지만 잘 준비한다면 목표를 이룰 수 있을 것입니다. 목표의 끝이 어디까지 일지는 본인도 모를 수 있습니다. 교사가 되어서도 그 상황에 만족하지 못할 수 있습니다.

〈 조언 & 코칭 〉

모든 사람은 스스로 선택하며 살아가기를 원합니다. 새로운 기회를 잡으려면 노력과 모험이 필요합니다. 하지만 선택은 늘 무엇인가의 포기를 의미하기도 합니다. 교사라는 목표를 이룬다고 해도 그것이 전부가 아닌 새로운 어려움의 시작일 수도 있습니다.

실전 상담 연습

(2) 선택 배열법 ④

♣ 전문상담 : 김정숙 공저 & 트레이너 ♣

〈사례24〉 지금 비정규직으로 사무업무를 보고 있습니다. 현재 다니는 직장을 계속 다니는 것이 나을지, 교사 임용고시 시험 준비를 하는 것이 나을지 잘 모르겠습니다. 어떤 흐름이 더 나을까요? (20대 후반 여성)

〈 전문 상담 〉

지금 직장에서는 자신의 생각과 신념에 확신을 가지고 부드럽게 일을 해나가고 있으시군요. 하지만 사고방식이 다소 보수적이고 틀에 박혀 있는 부분이 있어 진취적이고 창조적인 성향은 부족합니다. 기본적으로 추진력이나 시작의 느낌은 좋지만 행동력도 다소 떨어지시구요. 그러다 보니 정신적인 스트레스가 이어지고 막연한 불안감을 가지게 될 수 있습니다. 이 상황은 쉽사리 풀리지 않으며 침체기가 당분간은 이어질 수 있으니 답답함에 너무 힘들지 않도록 여유를 갖는 것이 필요합니다.

그에 비해 임용고시 준비는 이제 시작 단계이고 불안정한 상황에 처해지는 것이기 때문에 다소 위축되시는 것 같습니다. 진행되는 과정에서도 감성적이 되어 우유부단해지거나 행동력이 떨어질 수 있구요. 하지만 우리의 인생은 돌고 도는 것이기 때문에 공부를 계속해 나간다면 곧 자연스럽게 풀릴수 있습니다. 준비를 차근차근 계속해 나간다면 어느 정도의 성과를 거두면서 심리적 안정을 찾고 자신감을 가지게 될 것입니다.

〈 조언 & 코칭 〉

지금 직장을 계속 다니시든지, 임용고시를 준비하시든지 당분간은 마음을 잘 다스리셔야 합니다. 직장을 계속 다니게 된다면 생각을 유연하게 하고 행동력을 높이는 것이 마음의 안정에 중요하며, 임용고시를 준비한다면 위축되지 않고 차근차근 준비하는 것이 자신감을 얻고 좋은 결실을 맺는 데에 도움이 될 것입니다.

(2) 선택 배열법 ⑤

♣ 전문상담 : 고선희 공저 & 트레이너 ♣

〈사례25〉지금 비정규직으로 사무업무를 보고 있습니다. 현재 다니는 직장을 계속 다니는 것이 나을지, 교사 임용고시 시험 준비를 하는 것이 나을지 잘 모르겠습니다. 어떤 흐름이 더 나을까요?(20대 후반 여성)

현재 직장   교사 임용

〈 전문 상담 〉

현재 직장에서는 일을 해 나가는데 마음껏 능력을 발휘하기에 다소 제약적 부분들이 있다고 생각하며 직장에서의 문제점들, 특히 생각의 차이들을 찾아 해결해 나가고자 하고 계시네요. 그러나 진행 과정에서 다소 어려움들을 마주하게 되며 이를 헤쳐 나가기 위해서는 현실적 상황이나 주변 상황들을 살피고 내담자 자신의 변화가 필요할 듯합니다. 주변 조직과의 조화를 위해 조금은 양보하는 마음으로 생활하신다면 직장에서의 새로운 희망의 기회가 올 수 있을 것입니다.

그리고 교사임용 시험 준비를 하시는데 있어 예전에 관련 경험이 있으시고 거기에서 충분히 능력발휘를 하신 것을 바탕으로 나름 오랜 기간 준비하신 상태이시네요. 시험을 준비하는 과정에서 주변의 도움을 주고받으며 좋은 결과를 위해 나아가게 될 것입니다. 결과적으로는 단번에 합격의 기쁨을 맞이하기는 힘들고 갈등과 아픔의 과정을 거치게 될 것으로 보입니다.

〈 조언 & 코칭 〉

현재 직장을 계속 다니면 어느 정도의 자신의 생각과 가치관을 주변 상황과의 조화를 위해 조금은 양보하고 배려한다면 새로운 기회가 열릴 수 있을 것이고, 임용을 준비한다면 빠른 성공보다는 아픔과 갈등의 과정을 거치게 될 것입니다. 임용에 뜻이 있으시다면 준비 기간을 조금 더 길게 보시고 함께 임용을 준비하는 분들과의 교류가 도움이 될 것입니다.

(2) 선택 배열법 ⑥

♣ 전문상담 : 이명희 공저 & 트레이너 ♣

〈사례26〉 지금 비정규직으로 사무업무를 보고 있습니다. 현재 다니는 직장을 계속 다니는 것이 나을지, 교사 임용고시 시험 준비를 하는 것이 나을지 잘 모르겠습니다. 어떤 흐름이 더 나을까요? (20대 후반 여성)

〈 전문 상담 〉

왼쪽 세 장의 카드는 현재 직장, 오른쪽 세 장의 카드는 임용고시 준비의 경우로 살펴보겠습니다. 내담자께서는 지금 근무하는 직장에서도 여러 가지 갈등 상황과 어려움들을 조화롭게 잘 극복 해내고 현재는 주위로부터 인정을 받으며 안정적으로 잘 근무하고 있어 큰 어려움은 없어 보입니다. 그러나 비정규직이라는 불확실한 신분으로 인해 아무리 능력을 펼쳐 보여도 다 인정받거나 보상받기 어려운 현실적 한계에서 갈등하고 있는 것 같습니다.

만약 임용고시를 준비하고 도전한다면 매사에 열정이 있고 근면 성실한 내담자의 성품으로 보아 좋은 결과를 낼 수 있겠으며, 임용고시에 합격한다면 안정적인 직업을 가지고 그동안 다 발휘하지 못했던 잠재된 능력과 다재다능한 재능들을 마음껏 발휘할 수 있겠습니다. 계획을 철저하게 세우고 도전해 보시기 바랍니다.

〈 조언 & 코칭 〉

우리는 때로 열정만 너무 앞서 결과를 예단하는 우를 범하기도 합니다. 새로운 시작을 할 때는 언제나 현실을 직시하고 철저한 계획과 준비를 하는 것만이 목표달성을 위한 확실한 방법이 될 것입니다.

실전 상담 연습

(2) 선택 배열법 ⑦

♣ 전문상담 : 이주연 공저 & 트레이너 ♣

〈사례27〉 지금 비정규직으로 사무업무를 보고 있습니다. 현재 다니는 직장을 계속 다니는 것이 나을지, 교사 임용고시 시험 준비를 하는 것이 나을지 잘 모르겠습니다. 어떤 흐름이 더 나을까요? (20대 후반 여성)

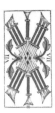

〈 전문 상담 〉

현재 직장을 계속 다닐지, 임용고시 시험을 준비해야 할지 고민이시군요. 왼쪽 카드에서는 계속 다니는 직장을 다니게 된다면 계속해서 자기표현을 하지 못하고 주변에 눈치를 보는 상황이 지속되어 주변 사람들과 상호교류를 하지 못하고 힘들어져서 또다시 임용고시를 준비할지 아니면 다른 것을 해야할 지 고민에 빠질 수 있다는 것을 알려주고 있습니다. 하지만 오른쪽 카드를 보면 임용고시를 준비하게 되면 목표 달성을 위해 자신의 능력을 최대한으로 끌어올려 순탄하게 진행될 것이며, 결국 바라고 바라던 임용고시 시험에 합격할 수 있을 거에요.

〈 조언 & 코칭 〉

모든 시험은 본인에게 달려있으며, 쉽게 얻어지는 것은 있을 수 없어요. 임용고시라는 큰 시험을 보겠다는 결심만으로는 어렵다는 것이에요. 현재 잘 다니고 있는 직장을 포기하고 도전하는 것인만큼 긴장을 늦추지 말고 시험 준비에 최선을 다하셔야 합니다. 내담자 본인이 느끼기에도 정말 열심히 했다라고 여겨진다면 반드시 임용고시에 합격하실 거에요.

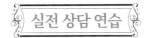

실전 상담 연습

(2) 선택 배열법 ⑧

♣ 전문상담 : 이정숙 공저 & 트레이너 ♣

〈사례28〉 지금 비정규직으로 사무업무를 보고 있습니다. 현재 다니는 직장을 계속 다니는 것이 나을지, 교사 임용고시 시험 준비를 하는 것이 나을 지 잘 모르겠습니다. 어떤 흐름이 더 나을까요? (20대 후반 여성)

〈 전문 상담 〉

　왼쪽 선택을 현재 직장에 계속 다니는 것으로 보면, 직장을 계속 다니시면 사람들의 관계나 일적인 면이나 큰 문제없이 매끄럽게 잘 해나가면서 만족도가 높으실 것입니다. 자신의 일에 자부심을 느끼게 되고, 본인 업무에 대한 적극성과 열정이 있어 직장에서 어느 정도 인정을 받게 되나, 교사의 꿈에 대한 현실과 이상과 관련하여 마음속 갈등이 있을 수 있습니다. 한편, 임용고사를 준비하시게 되면 한동안 공부에서 멀어져 있었기 때문에 자신의 실력이 답보상태임을 느끼게 됩니다. 그러나 상담자분께서는 잠재력이 있기 때문에 학습 습관, 생활패턴을 잘 정돈하시면, 잠시의 정체기를 벗어나 안정적인 학습 궤도에 진입하여 감정적인 만족감, 교사에 대한 강한 확신을 갖게 되실 것입니다. 그러나 직장을 그만두게 되므로 현실적인 불안함이 있을 수밖에 없고, 임용고사 결과가 나올 때까지 인내심을 갖고 최선을 다해야 좋은 결과를 얻을 수 있습니다.

〈 조언 & 코칭 〉

　다니던 직장에 계속 다니는 것과 새로운 교사에의 도전 사이에 쉬운 결정은 없습니다. 4원소와 수비학적으로 보았을 때 마음의 만족도(컵) 면에서는 오른쪽 임용고사(컵10)를 택하는 것이라고 말 할 수 있을 것입니다.

실전 상담 연습

(2) 선택 배열법 ⑨

♣ 전문상담 : 장영숙 공저 & 트레이너 ♣

〈사례29〉 지금 비정규직으로 사무업무를 보고 있습니다. 현재 다니는 직장을 계속 다니는 것이 나을지, 교사 임용고시 시험 준비를 하는 것이 나을지 잘 모르겠습니다. 어떤 흐름이 더 나을까요? (20대 후반 여성)

〈 전문 상담 〉

(좌)현재 일하고 계시는 사무실에서도 자신의 위치에서 잘하고 계시네요. 다만 불안정한 비정규직으로의 삶에 대한 회의가 드셨을 것 같고 그러한 신분에 대한 불안정한 상태가 현재 내담자분의 마음에 많이 남아 고민이 많으신 것 같습니다. 현재 다니고 있는 직장에서도 전문적인 지식을 좀 더 쌓아 커리어를 쌓고 적극적인 직업태도를 가지신다면 차츰 직장에서 전문가로서의 자리매김을 하실 수 있을것으로 보입니다. (우)현재의 삶을 완전히 바꾸고 싶은 갑작스러운 심경의 변화가 최근에 생긴 것 같습니다. 임용고시 시험을 본다면 그동안 쌓아온 신념이나 경력등을 완전히 내려놓고 현재의 삶을 완전히 바꾸는 급격한 변화를 겪어야겠지요. 직장을 다니지 못하니 월급도 없고, 공부하는 과정이 쉽지는 않을 것입니다. 경쟁자도 많고 공부의 과정도 오랜 시간이 걸릴 수도 있습니다. 하지만 열심히 하신다면 임용시험에 대한 가능성도 있습니다. 물론 약간의 시간이 걸리겠지만 '할 수 있다'라는 신념을 가지고 현재와는 다른 모습으로 열심히 노력을 한다면 기회는 올 것으로 보입니다.

〈 조언 & 코칭 〉

둘 다 다 가능성이 있는 선택지입니다. 모든 취준생이 겪는 딜레마이겠지요. 조금 편하게 일하면서 오래 가느냐, 고생스럽지만 더 나은 일자리로 도전해 보느냐 선택은 내담자의 삶에 대한 용기와 자신감이 좌우 하겠지요. 또한, 자신에 대한 진정한 성찰이 필요한 시점이기도 하겠습니다. 임용시험을 보더라도 생각이나 마음으로만 끝나는 것이 아니라 결과를 도출하기 위한 부단한 노력과 시간이 필요함을 명심하고 현재의 상황에 대해 냉정한 판단이 필요할 것 같습니다. 어떤 도전도 의미없는 것은 없습니다. 화이팅 하세요~

3. 중급 배열법 - (1) 매직세븐 배열법

실전 상담 연습

(1) 매직세븐 배열법 ①

♣ 전문상담 : 김현식 공저 & 트레이너 ♣

〈사례30〉 남편과 주말부부입니다. 하지만, 3개월 전부터 트러블이 있어 현재는 주말에도 만나지 않고 있습니다. 어떻게 하는 것이 좋을까요? (30대 중반 여성)

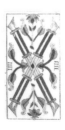

〈 전문 상담 〉

내담자분의 남편분과는 전에는 때로는 친구처럼, 때로는 동료처럼 편안하게 잘 지내오셨던거 같습니다. 현재는 안정된 기반을 이루셨는데 곧 화합의 만남이 이루어질 것 같습니다. 내담자분께서 그 만남을 기회로 잡으시고 자신의 감정을 숨기지 말고 좀 더 적극적으로 본인의 감성을 표현함이 좋을 거 같습니다. 서로의 갈등을 해결하기 위한 노력을 하시면 합리적이고 이성적인 결과를 이루실 것 같습니다.

〈 조언 & 코칭 〉

내담자분이 마음을 적극적으로 열고 한발 물러나서 생각해보심도 지혜로움이라고 생각합니다. 너무 강직함이나 이성적으로 판단하는 성향은 남편에게 다소 부담을 줄 수 있습니다.

실전 상담 연습

(1) 매직세븐 배열법 ②

♣ 전문상담 : 강미정 공저 & 트레이너 ♣

〈사례31〉 남편과 주말부부입니다. 하지만, 3개월 전부터 트러블이 있어 현재는 주말에도 만나지 않고 있습니다. 어떻게 하는 것이 좋을까요? (30대 중반 여성)

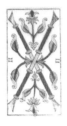

⟨ 전문 상담 ⟩

남편분과 주말부부이긴해도 보기 드물게 좋은 관계를 유지하고 계셨는데 3개월전부터 문제가 생기셨군요. 두 사람의 의견이 많이 달라서 어떻게 잘 융합해 나가야 할 것이지를 고민해야할 것 같습니다. 남편분이 아내분의 마음을 좀 알아주길 원하는데 잘 알아주지 않으시는 일이 계속되어 서운함이 쌓이시다보니 상황이 더욱 악화되어 가고 있는 것 같습니다. 남편분은 부드럽고 자애로운 성격을 가지신 분이신데 이런 갈등상황을 해결하시는 유연성은 좀 부족하십니다.

⟨ 조언 & 코칭 ⟩

이런 대치 상황이 길어지면 서로에게 정신적인 고통과 불안감이 계속됩니다. 남편분은 이 상황을 빨리 풀고 싶지만 방법을 모르고 있습니다. 좀 더 유연한 사고를 하는 아내 분이 먼저 손을 내밀고 조화와 균형을 위한 솔직한 대화를 유도하여 서로의 마음을 들여다보는 시도를 해보시기를 조언드립니다. 먼저 손을 내미는 일이 어렵지 내밀기만 하면 그 뒤 일은 술술 풀리고 더 사랑하게 될 것입니다.

실전 상담 연습

(1) 매직세븐 배열법 ③

♣ 전문상담 : 김윤하 공저 & 트레이너 ♣

〈사례32〉 남편과 주말부부입니다. 하지만, 3개월 전부터 트러블이 있어 현재는 주말에도 만나지 않고 있습니다. 어떻게 하는 것이 좋을까요? (30대 중반 여성)

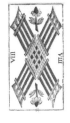

〈 전문 상담 〉

과거에는 서로에게 책임을 다하는 모습을 보였으나 최근에는 서로 서운한 모습을 보였나 보네요. 그래서 남편에 관해 불안한 감정이 올라오고 남편과 갈등을 빚는 어려움에 부딪히게 되었고요. 지금 이대로 간다면 당신은 남편을 자신의 이미지 속에 가두어두고 자신의 기준으로 판단할 것입니다. 이러면 둘 사이 감정의 골은 더욱더 깊어질 것이고요.

지금은 서로를 되돌아보며 벌어진 감정의 골이 생긴 이유를 살펴볼 시기입니다. 어쩌면 아이가 문제의 원인일 수 있고요. 또는 직장 생활에서 오는 스트레스나 갈등 관계가 원인일 수 있습니다. 너무 이상적인 사랑을 꿈꾸었기에 현실로 밀려오는 일상이 버겁지 않았나 생각합니다.

서로에 관한 오래가 쌓이고 반복되어 서로에게 힘든 상황이 되었다고 봅니다. 처음 서로에게 느꼈던 감정을 떠 올려 보고 변화를 시도한다면 감정의 골을 메울 수 있을 것입니다.

〈 조언 & 코칭 〉

자존감으로 중심을 잡고 남편의 생각을 들어 주세요. 이기려 하지 말아야 합니다. 사랑하는 사람끼리 이기고 지는 것이 문제가 아닙니다. 한 쪽만 이기는 상황은 없습니다. 싸우면 모두가 패자가 될 뿐입니다. 끈기를 가지고 요령 있게 남편을 다루어야 합니다. 평상심을 유지하며 조금만 생각해 보고 기다려 주세요. 그러면 지금 상황을 잘 이겨내고 남편과의 관계를 회복할 수 있을 것입니다.

실전 상담 연습

(1) 매직세븐 배열법 ④

♣ 전문상담 : 김정숙 공저 & 트레이너 ♣

〈사례33〉 남편과 주말부부입니다. 하지만, 3개월 전부터 트러블이 있어 현재는 주말에도 만나지 않고 있습니다. 어떻게 하는 것이 좋을까요? (30대 중반 여성)

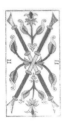

〈 전문 상담 〉

남편과 주말부부를 하면서 최근까지는, 서로를 수용하고 포용하며 잘 조율해 왔으나 이런 상황이 계속되다 보니 서로 간에 무료해지고, 참아왔던 갈등이 드러나게 되었군요. 서로가 자신의 생각을 상대에게 납득시키기 위해서 애쓰고 있어요. 지금은 새로운 시도보다는 신중하게 내실을 다지며 다시 신뢰를 회복하는 것이 필요합니다. 그렇게 되면 관계에서 좀더 여유가 생기고 자신의 뜻도 부드럽게 상대에게 전할 수 있게 될 것입니다.

〈 조언 & 코칭 〉

서로 다른 생각과 주장으로 대립하고 있지만 서로에 대한 생각의 본질이 무엇인지 모르고 상대방에 대해서도 잘 모르는 부분이 많습니다. 겉으로 보이는 부분에서만 일시적으로 공감하고 협조한다면 갈등은 결국 터지게 되겠죠. 상대방에게 좀더 진심으로 관심을 기울여보세요.

(1) 매직세븐 배열법 ⑤

♣ 전문상담 : 고선희 공저 & 트레이너 ♣

〈사례34〉 남편과 주말부부입니다. 하지만, 3개월 전부터 트러블이 있어 현재는 주말에도 만나지 않고 있습니다. 어떻게 하는 것이 좋을까요? (30대 중반 여성)

〈 전문 상담 〉

과거 가정보다는 하시는 일에만 온 힘을 다해 열심히 하시면서 부부사이에 마음을 나누지 못하고 서로 힘든 부분만을 내세우셨네요. 내담자분은 이런 힘든 부분을 대화로 표현하지 않고 마음에만 담아두고 계시면서 남편이나 주변에서 느끼는 것 보다 훨씬 더 많이 외로운 상태로 보입니다. 그러나 다가올 미래에는 이러한 문제에서 나와 새로운 시작을 하게 될 것으로 보입니다.

남편과의 관계를 해결하기 위해서는 너무 자신의 감정과 힘든 부분만을 내세우기 보다는 남편의 상황도 잘 들어보시고 내담자분의 상황도 잘 생각하셔서 조화로운 해결을 위해 신중하게 이야기 나눠보신다면 지금의 힘든 시기가 전환을 맞아 새로운 발전의 과정이 될 수 있을 것입니다.

그리고 일과 가정에 대한 지나친 소유욕이나 책임감이 오히려 장애로 다가올 수 있으니 조금은 내려놓는다면 처음 시작하는 마음으로 새로운 출발을 할 수 있을 것입니다.

〈 조언 & 코칭 〉

여러 가지 힘든 일들로 각자 자신의 힘듦만을 생각하고 표현하지 않아서 오는 갈등으로 보입니다. 솔직한 대화를 통해 서로의 힘든 점과 바라는 점들을 이해하고 인정해 준다면 한 단계 발전하는 과정을 거쳐 새로운 관계의 시작을 가져올 수 있을 것입니다.

실전 상담 연습

(1) 매직세븐 배열법 ⑥

♣ 전문상담 : 이명희 공저 & 트레이너 ♣

〈사례35〉 남편과 주말부부입니다. 하지만, 3개월 전부터 트러블이 있어 현재는 주말에도 만나지 않고 있습니다. 어떻게 하는 것이 좋을까요? (30대 중반 여성)

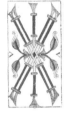

〈 전문 상담 〉

두 분은 그동안 주말부부로 지내면서도 각자의 일에서 능력을 인정받고 업무실적도 쌓으며 많은 결실을 내는 날들을 보내셨군요. 경제적으로도 도움이 되어 안정적인 생활을 할 수 있었던 것 같습니다. 하지만 여기까지 오기에는 내담자의 헌신적인 희생이 많은 역할을 했을 것으로 여겨집니다. 하지만 시간이 지날수록 이러한 주말부부로 지내며 감수했던 크고 작은 일들이 모두 내담자의 희생인 것처럼 서운한 마음으로 남고 이로 인해 두 분 사이에는 보이지 않는 골이 생기기 시작하여 안타깝게도 주말에조차 서로 만나지 않는 관계로까지 되고 만 것 같습니다. 두 사람 모두 서로를 사랑하는 관계임에는 변함없으니 마음을 담은 따뜻한 위로의 말 한마디면 두 사람의 관계는 그전처럼 회복할 수 있을 것입니다. 현재 갈등 상황을 해결하고자 하는 의지는 있으나 각자의 일을 너무 중요시하며 거기에 많은 에너지를 쏟고 있는 고집스러움으로 인해 관계회복을 쉽게 하지 못하고 있습니다. 미루지 말고 서로 관계개선을 위해 마음을 열고 변화를 모색하면 두 분의 관계는 불편하고 혼란스러운 상황에서 벗어나 긍정적인 방향으로 발전할 것이라 봅니다.

〈 조언 & 코칭 〉

바통(완드)의 뜨겁고 건조한 성질은 쿠페(컵)의 포용적이고 감성적인 도전으로 그 성질을 누그러뜨릴 수 있다고 봅니다. 따라서 진심 어린 위로와 사과의 말들을 따뜻하게 서로 나누면 마음 깊은 곳에서부터 사랑과 신뢰를 회복하게 될 것입니다. 일 중심의 워커홀릭 삶에서 일과 생활의 균형을 갖춘 워라벨의 삶을 지향하는 지혜가 필요합니다.

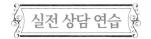

실전 상담 연습

(1) 매직세븐 배열법 ⑦

♣ 전문상담 : 이주연 공저 & 트레이너 ♣

〈사례36〉 남편과 주말부부입니다. 하지만, 3개월 전부터 트러블이 있어 현재는 주말에도 만나지 않고 있습니다. 어떻게 하는 것이 좋을까요? (30대 중반 여성)

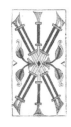

〈 전문 상담 〉

주말부부로 지내고 있는데 3개월 전에 있었던 트러블로 주말에도 만나지 않고 있어 어떻게 해야할 지 고민이 되시는 상황이네요. 과거에 남편분께서는 친절하지만 예민하게 반응하는 부분이 있었고, 내담자분께서는 상대의 의도를 넘겨짚는 경우가 있었던 것 같아요. 이런 부분에 서로에 대해서 너무 잘안다는 자신감으로 인한 오해로 트러블이 생긴 것 같네요. 그로 인하여 현재 어려움이 많지만 시간이 지나면 두 분의 관계가 트러블이 있기 이전처럼 좋아질 것 같아요. 하지만 좋아지기 위해서는 너무 조바심을 갖지 말고 조심스럽게 서로를 배려하고 살피며 무엇보다 내담자께서는 남편의 이야기를 귀 기울여 듣는 것이 필요해 보입니다. 주말이라는 시간이 짧지만 서로에게 집중하고 귀기울인다면 다시 관계가 재정립되고 나아갈 거에요.

〈 조언 & 코칭 〉

주말부부일수록 짧은 시간이지만 만나는 시간에 집중하며, 서로를 배려하는 마음이 많이 필요합니다. 트러블로 인한 두 분의 감정은 빠르게 좋아지지 않고, 시간이 걸려 점차 나아질 수 있습니다. 이에 절대 조바심내지 마시고 상대방에게 집중하며 특히 이야기를 많이 들어주세요.

실전 상담 연습

(1) 매직세븐 배열법 ⑧

♣ 전문상담 : 이정숙 공저 & 트레이너 ♣

〈사례37〉 남편과 주말부부입니다. 하지만, 3개월 전부터 트러블이 있어 현재는 주말에도 만나지 않고 있습니다. 어떻게 하는 것이 좋을까요? (30대 중반 여성)

〈 전문 상담 〉

남편과 두 분은 주말부부로 잘 지내시다가 새로운 계획의 시작으로 트러블이 있었던 것 같습니다. 서로 양보하지 않은 채 정신적으로 자신만의 생각을 고수하여 만나지 않으면 관계의 개선이 어렵습니다. 부부로서 책임감을 갖고 변화의 시작이 필요합니다. 물론 현재처럼 만나지 않은 채 지내는 것이 일시적인 마음의 편안함이 될 수 있으나 그것이 관계 개선에 장애가 될 수 있고, 깊은 근심의 원인이 될 수 있습니다. 만남을 위한 구체적인 계획을 세워보세요.

〈 조언 & 코칭 〉

메이저 카드보다 마이너 카드가 많이 나왔으므로 두 부부 사이의 환경의 변화를 꾀할 필요가 있습니다. Out of sight, out of mind 라는 말이 있지요. 함께 만나서 하지 않던 활동을 함께 해보세요. 듣지 않았던 음악을 듣거나, 가본 적이 없는 천변이나 공원을 걸어 보시길 추천 드립니다.

실전 상담 연습

(1) 매직세븐 배열법 ⑨

♣ 전문상담 : 장영숙 공저 & 트레이너 ♣

〈사례38〉 남편과 주말부부입니다. 하지만, 3개월 전부터 트러블이 있어 현재는 주말에도 만나지 않고 있습니다. 어떻게 하는 것이 좋을까요? (30대 중반 여성)

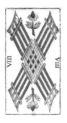

〈 전문 상담 〉

주말부부를 하다 보니 서로의 관계가 이어지지 않고 불안정한 상태였을 것 같습니다. 금전적인 문제나 현실적인 상황들이 두 개로 나뉘어져 있었으니 두 분이 의사소통이나 경제적인 부분들도 통합되기가 어려웠을 것 같습니다. 그래서 지금은 서로 갈등과 대립상태까지 간 것 같군요. 그렇지만 곧 서로의 관계를 새롭게 재정립하고 안정을 찾을 것으로 보입니다. 소극적으로 상황을 지켜보지 마시고 적극적으로 문제에 대응하고 서로의 문제들이 무엇인지 생각들을 교류하신다면 예전의 좋았던 관계로 발전하실 수 있습니다.

〈 조언 & 코칭 〉

조언 & 코칭 카드로 전차카드가 나왔다는 것은 서로의 가치관이 달라 마음속 갈등이 많다는 것을 보여 줍니다. 또한, 이 문제에 대해 적극적인 태도를 보이라는것도 되구요. 주말부부이다 보니 이동이 많은 부부의 모습을 보여주기도 하네요. 결과카드에 태양 카드가 나왔으니 두 분은 서로 만나서 맞지 않았던 부분들이 무엇인지, 차근차근 생각들을 맞추어 가다 보면 예전처럼 행복한 부부의 모습을 곧 되찾으실 수 있을 것 같습니다. 멀찌감히 두고 보지 마시고 문제에 적극적으로 대응해 보고 서로의 이야기를 귀 담아 들어보는 시간을 가져 보세요.

3. 중급 배열법 - (2) 매직크로스 배열법

(2) 매직크로스 배열법 ①

♣ 전문상담 : 김현식 공저 & 트레이너 ♣

〈사례39〉 지금 다니는 직장은 공사 기관이라 어느 정도 안정적입니다. 하지만, 구성원들이 마음에 들지 않습니다. '다른 직장으로 옮겨야지' 라고 하루에도 몇 번씩 생각하지만, 직장만 보면 이보다 나은 곳도 없는 것 같습니다. 어떻게 해야 할까요? (30대 초반 여성)

〈 전문 상담 〉

내담자는 처음 직장생활을 할 때는 확신을 가지고 일을 시작했으며, 자애로운면도 가지고 있었습니다. 점점 직장 생활을 하면서 직장생활을 잘 하면서도 내면적으로 양면성과 이중성을 가지고 일을 해온 것 같습니다. 현재는 여러 가지 분쟁을 해결하고 계시기는 하나, 너무 강한 자기주장과 자신의 행동과 감정을 잘 조절하지 못하는 것이 장애물로 보여집니다. 따라서 갑자기 동료들과 다툼이 벌어지지는 않을까? 염려를 많이 하고 계십니다. 자신의 감정과 느낌을 부드럽게 좀 더 솔직하게 말할 필요가 있습니다. 자신의 아이템을 가지고 자기 뜻을 세우게 되는 날이 올 것 같고, 안정적이지는 않으나 뭔가를 시작할 것 같습니다.

〈 조언 & 코칭 〉

내담자가 정말로 하고 싶은 아이템이 있다면 지금부터라도 잘 키워보시고 준비를 잘 하시면서 직장생활을 하심이 좋을 거 같습니다. 구성원들과는 내 주장을 너무 내세워서 소통이 잘 안 되는 것은 아닌지? 내 행동에 문제는 없는지? 생각해보는 기회가 되었으면 합니다.

실전 상담 연습

(2) 매직크로스 배열법 ②

♣ 전문상담 : 강미정 공저 & 트레이너 ♣

〈사례40〉 지금 다니는 직장은 공사 기관이라 어느 정도 안정적입니다. 하지만, 구성원들이 마음에 들지 않습니다. '다른 직장으로 옮겨야지' 라고 하루에도 몇 번씩 생각하지만, 직장만 보면 이보다 나은 곳도 없는 것 같습니다. 어떻게 해야 할까요? (30대 초반 여성)

〈 전문 상담 〉

안정적인 직장인데도 구성원들이 마음에 들지 않아 직장을 옮기실 생각을 하시는 군요. 대부분의 사람들이 일이 어려워서 직장을 그만두는 경우는 드물지요. 사람들과의 관계가 힘들어서 직장을 옮기거나 그만두는 경우가 많습니다. 많이 힘드신 것 같군요. 내담자가 감성적이고 좋은 것이 좋다는 생각으로 자신의 의견을 피력하기 보다는 다수의 의견을 따르는 성격이시다 보니 항상 자신의 의견이 존중받지 못한다는 느낌을 받고 계셨던 것 같아요. 동료들이 서로에 대한 생각의 본질이 무엇인지 진심으로 파악하려고 하지 않고 서로에 대해서도 잘 알지 못하고 있는 상황인 것 같습니다. 끊임없는 눈치싸움과 경계가 계속되는 갈등상황인 거죠.

〈 조언 & 코칭 〉

현실적으로는 안정된 직장을 가지고 계시고 내담자가 부드럽고 자애로우며 깊은 생각을 가진 사람이니 지혜롭게 이 상황을 잘 이겨내 보도록 하는 노력이 제일 우선되어야겠지만 마음이 편한 것이 제일이니 좀 더 자유로운 직장으로 옮겨서 사람들과 조화로운 관계를 이루는 것도 좋아 보이지만 본능적인 욕망이나 물욕에 사로잡히는 데 주의할 필요가 있습니다.

(2) 매직크로스 배열법 ③

♣ 전문상담 : 김윤하 공저 & 트레이너 ♣

〈사례41〉 지금 다니는 직장은 공사 기관이라 어느 정도 안정적입니다. 하지만, 구성원들이 마음에 들지 않습니다. '다른 직장으로 옮겨야지' 라고 하루에도 몇 번씩 생각하지만, 직장만 보면 이보다 나은 곳도 없는 것 같습니다. 어떻게 해야 할까요? (30대 초반 여성)

〈 전문 상담 〉

지금 직장 자체에는 만족하나 함께 일하는 사람들과 부딪치는 상황이라 힘들어 하시는 군요. 자신은 구성원과 맞추려 노력하기에 그나마 갈등이 불거지지 않는다고 생각하시고요.

혹시 자신이 항상 상황을 주도하려 하며 친한 사람 외에는 만남을 꺼리는 경향이 있지는 않나요? 당신이 생각하는 당당한 모습이 상대방에게는 자기중심적인 사람으로 비칠 수 있습니다. 자신도 상대방의 만족스럽지 못한 부분을 상대방에게 표현하지 않기 때문에 불화가 생길 수밖에 없습니다.

자긍심이 강하고 완벽을 추구하는 당신의 성향이 오해를 사지는 않을까 염려하고 계시는군요. 오해를 사지 않고 갈등을 피하려 해도, 업무를 같이 보는 동료라는 업무 환경 자체를 바꿀 수는 없습니다. 갈등을 쌓아 놓으면 언제가 겉으로 폭발하여 심각한 상황을 맞이하게 됩니다.

〈 조언 & 코칭 〉

다른 사람에게 당신의 생각을 너무 강조하면 불화가 닥칠 수 있으니 조심해야 합니다. 원만한 인간관계를 원한다면 먼저 다른 사람의 이야기를 듣는 법부터 배워야 합니다. 또한, 사소한 일에 신경을 곤두세우며 잡다한 근심을 해서 스스로 지치게 만들지 말아야 합니다. 고민이 있으면 직장 동료에게 털어놓으십시오. 고민거리는 다른 사람과 나누는 것이 자기를 돌보며 사랑하는 방법입니다.

실전 상담 연습

(2) 매직크로스 배열법 ④

♣ 전문상담 : 김정숙 공저 & 트레이너 ♣

〈사례42〉 지금 다니는 직장은 공사 기관이라 어느 정도 안정적입니다. 하지만, 구성원들이 마음에 들지 않습니다. '다른 직장으로 옮겨야지' 라고 하루에도 몇 번씩 생각하지만, 직장만 보면 이보다 나은 곳도 없는 것 같습니다. 어떻게 해야 할까요? (30대 초반 여성)

〈 전문 상담 〉

지금 다니고 있는 직장이 안정적이라는 점에서 만족스러우시지만 구성원들이 마음에 들지 않아 이직을 고민하고 계시군요. 그동안 확고한 가치관과 성실함, 현실적인 계획수립 등을 바탕으로 자신감 있게 일을 해왔고 온화한 리더십에 기반해, 깊진 않지만 원만한 관계를 맺어오셨네요. 하지만 자신의 감정이 드러나는 것을 두려워하다 보니 갈등이 있을 때 속내를 드러내지 못하고 자신의 생각 안에 갇혀버리게 되면서 관계가 정체되고 고독해지셨을 것 같아요. 안타깝지만 본인도 모르는 사이에 다른 사람에게 상처를 주고 있었을 수도 있습니다. 일에 대한 열정도 있고 목표달성, 타인과의 관계에 대한 욕구가 크신 분이라 이런 상황이 더 힘드실 수 있어요. 앞으로도 자기의 주장을 강하게 내세우고 일 중심적으로 진행하게 되면서 더 고독해지실 수도 있는데 이것을 너무 신경쓰게 되면 자신이 많이 힘들어 질 수 있으니 크게 방심하거나 좌절하지 않는 것이 필요합니다.

〈 조언 & 코칭 〉

갈등이 있을 때 자신의 감정을 표현하거나 서로 생각을 나누어 보세요. 좌절하거나 너무 어려워하지 말고 조금씩 실천해 보려는 노력이 필요합니다. 그러다 보면 서로를 알아가면서 생각의 차이가 좁혀지고 관계가 가까워질 수 있습니다.

실전 상담 연습

(2) 매직크로스 배열법 ⑤

♣ 전문상담 : 고선희 공저 & 트레이너 ♣

〈사례43〉 지금 다니는 직장은 공사 기관이라 어느 정도 안정적입니다. 하지만, 구성원들이 마음에 들지 않습니다. '다른 직장으로 옮겨야지' 라고 하루에도 몇 번씩 생각하지만, 직장만 보면 이보다 나은 곳도 없는 것 같습니다. 어떻게 해야 할까요? (30대 초반 여성)

〈 전문 상담 〉

　자신의 발전적 모습을 꿈꾸며 노력하셔서 지금의 회사에 입사하게 되었군요. 그러나 회사 내 동료들과 가치관의 차이로 갈등이 생기면서 이를 해결하기 보다는 함께 어울리지 않는 생활을 하셨고 이로 인해 현재는 갈등상황이 더욱 깊어져 있으시네요.

　내담자께서는 이런 갈등에서 벗어나 마음의 평화로움과 안정감을 느끼기를 희망하고 있습니다. 그러나 본인은 공정하고 옳은 일이라고 생각하고 행동하고 계시지만 외부에서 보기에는 자기중심적인 행동으로 비쳐지는 경우가 있는 것이 직장 관계에서 장애물로 작용하고 있습니다.

　현재의 갈등과 문제 상황을 보여주는 카드는 관계의 중요성을 보여주는 카드입니다. 주변과 자신에게 모두 공정한 일을 수행하고 있는가를 잘 살펴보시고 나의 주장을 먼저 내세우기 보다는 동료들의 의견도 수용함으로써 내담자분이 먼저 다가가려고 노력하신다면 충분히 관계 개선을 하실 수 있을 것입니다.

　그리고 직장에서도 능력을 충분히 발휘하셔서 리더의 자리에도 오를 수 있을 것입니다. 더 먼 미래에는 능력과 노력의 결과로 현실적인 성공도 거둬들일 수 있을 것으로 보입니다.

〈 조언 & 코칭 〉

　그동안은 직장동료와의 문제에서 내담자께서 이해하거나 해결하는데 있어서 소극적 자세로 대처하신 것이 현재의 갈등상황을 만들어 내었습니다. 자기주장만을 내세우기 보다는 동료들의 의견을 수용하면서 다가가신다면 현재 다니고 있는 직장에서 충분히 능력발휘를 하셔서 성공을 거두실 수 있을 것입니다.

실전 상담 연습

(2) 매직크로스 배열법 ⑥

♣ 전문상담 : 이명희 공저 & 트레이너 ♣

〈사례44〉지금 다니는 직장은 공사 기관이라 어느 정도 안정적입니다. 하지만, 구성원들이 마음에 들지 않습니다. '다른 직장으로 옮겨야지' 라고 하루에도 몇 번씩 생각하지만, 직장만 보면 이보다 나은 곳도 없는 것 같습니다. 어떻게 해야 할까요? (30대 초반 여성)

〈 전문 상담 〉

내담자께서는 과거 높은 경쟁률을 뚫고 직장에 입사하셨군요. 다른 직장보다 보수도 높고 여러 가지 여건이 좋아 만족도가 높았으나 관련한 업무성과 면에서는 전문성을 발휘하고 능력을 인정받기에 명확하게 표현하기 어려운 채워지지 않는 아쉬움이 남아있었던 것 같습니다. 업무를 추진하면서 겪게 되는 나와 뜻이 다른 동료들이나 후배들과의 갈등, 나를 앞질러 가는 듯한 그들의 열정적인 모습 등이 현재 나를 위축되게 하고 직장의 이직까지도 생각해보게 하는 것인지도 모르겠습니다. 그러나 이러한 것들은 내담자가 전문성과 자신감으로 극복하고 내 업무분야를 책임지고 추진하는 당당하고 성숙한 모습을 보여줌으로서 장래에는 많은 발전을 이루어 전문성을 가진 독보적인 존재로서 사람들의 사랑과 관심 속에서 리더십까지 발휘하게 될 것입니다. 지금의 직장에서 원하는 업무의 방향과 흐름을 잘 파악하고 열심히 노력하고자 하는 마음이 필요해 보입니다.

〈 조언 & 코칭 〉

노력 없는 성과는 없습니다. 특히 하는 일이 전문성이 요구되는 분야일 경우 변화에 빠르게 대응하면서 전문성 제고를 위해 끊임없이 노력하는 자세가 필요합니다. 여기에는 인간관계에서 소통의 역량을 기르는 것 또한 매우 중요한 부분이 될 수 있습니다.

실전 상담 연습

(2) 매직크로스 배열법 ⑦

♣ 전문상담 : 이주연 공저 & 트레이너 ♣

〈사례45〉 지금 다니는 직장은 공사 기관이라 어느 정도 안정적입니다.
하지만, 구성원들이 마음에 들지 않습니다. '다른 직장으로 옮겨야지'
라고 하루에도 몇 번씩 생각하지만, 직장만 보면 이보다 나은 곳도 없
는 것 같습니다. 어떻게 해야 할까요? (30대 초반 여성)

< 전문 상담 >

지금 다니는 직장이 안정적이지만, 구성원들이 마음에 들지 않아 이직을 고민하고 계시는 군요. 예전부터 직장의 구성원들 속에서 외롭고 힘드셨고 근래에 구성원들이 배려하지 않고 이해하지 않는 상황과 그 속에서 자유롭게 표현하지 못하는 상황들이 갈등으로 본격화 되어 현재의 직장생활에 만족하지 못하고 힘들어 하시고 계시는군요. 공감되지 못하고 교감하지 못하는 인간관계에 대하여 불편을 느끼시고 사람과의 관계에서는 충분한 교감과 배려와 이해가 필요하다고 생각하시는 데 그렇지 못해 정말 힘드시겠어요. 당장은 그렇지 못한 관계 속에서 걱정이 많고 상처받고 싶지 않은 마음에 지금과 같이 계속 두려워하고 답답함을 느끼실 것 같고 구성원들과의 관계도 많이 좋아질 것 같아 보이지는 않네요. 결정을 하셔야 할 것 같아요. 지금의 이 분위기가 계속 이어지는 것이 힘드시다면 다른 직장으로 옮겨야 하는 것도 나쁘지 않은 것 같네요.

< 조언 & 코칭 >

본인이 추구하고 중요하다고 생각하는 것들이 지켜지지 않는 분위기에서 힘들어하고 계시네요. 하지만 새로운 출발에 대한 결정도 또한 힘들어 보이시구요. 하지만 둘 중에 한 개는 꼭 선택하셔야 할 시간인 것 같아 보입니다. 진정 자신이 무엇을 중요하게 생각하는 지, 본인이 얼마만큼 감당할 수 있을지 충분히 생각해보시고 보다 나은 방향을 꼭 선택하시기 바랍니다.

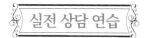

(2) 매직크로스 배열법 ⑧

♣ 전문상담 : 이정숙 공저 & 트레이너 ♣

〈사례46〉 지금 다니는 직장은 공사 기관이라 어느 정도 안정적입니다. 하지만, 구성원들이 마음에 들지 않습니다. '다른 직장으로 옮겨야지' 라고 하루에도 몇 번씩 생각하지만, 직장만 보면 이보다 나은 곳도 없는 것 같습니다. 어떻게 해야 할까요? (30대 초반 여성)

〈 전문 상담 〉

직장 구성원이 마음에 들지 않아 다른 곳으로 직장을 옮기고 싶은 마음 속 갈등이 시작되었군요. 처음에는 용기 있는 결단이라 생각하고 감행하려고 했지만 이만한 직장이 없다는 생각에 문제 상황에서 헤어날 수 없을 정도로 고민이 되시는군요. 이 직장을 그만 둘 때가 되었다는 신의 부름이 있는 것만 같다가도, 지금 직장이 주는 현실적인 안정감으로 선뜻 직장을 옮기는 것이 어려워 보입니다. 내담자 분께서는 책임감이 강한 분으로, 마음 속 생각을 실현하고 새로움을 추구하고자 하는 희망을 갖고 그로부터 자신의 권위를 얻고 싶은 마음이 강합니다. 그러나 현재의 직장이 주는 경제적 안정감은 내담자에게 상당히 중요한 요소로 보입니다. 관용과 헌신을 통해 관계를 개선하려는 노력을 시도해보심이 어떨까 합니다. 새로운 구조화를 통한다면 생각보다 행운과 희망이 따를 것이며, 관계의 개선뿐만 아니라 직장에 대한 자기 확신을 얻을 수 있습니다. 더 나아가 물질적인 여유를 갖는 헌신적인 인물로 직장 내에서 어느 정도 인정받을 수 있습니다.

〈 조언 & 코칭 〉

4원소 중 드니에(펜타클)가 많이 나온 스프레드로 내담자에게 돈, 경제, 물질, 기반환경, 명예, 직업은 매우 중요한 요소로 생각됩니다. 그러므로 현재의 직장이 주는 안정감을 유지하는 방향의 조언이 필요합니다. 또한, 메이저카드가 4장, 적지 않은 분량으로 나온 것으로 보아 자신의 자아, 사람을 대하는 태도에 대한 조언을 통해 변화를 꾀할 필요가 있습니다.

실전 상담 연습

(2) 매직크로스 배열법 ⑨

♣ 전문상담 : 장영숙 공저 & 트레이너 ♣

〈사례47〉 지금 다니는 직장은 공사 기관이라 어느 정도 안정적입니다. 하지만, 구성원들이 마음에 들지 않습니다. '다른 직장으로 옮겨야지' 라고 하루에도 몇 번씩 생각하지만, 직장만 보면 이보다 나은 곳도 없는 것 같습니다. 어떻게 해야 할까요? (30대 초반 여성)

〈 전문 상담 〉

구성원들과의 갈등이 꽤 오래전부터 시작되었던 것 같습니다. 직장에 가서 논쟁과 언쟁이 오가는 분위기라면 아무리 안정적인 직장이라도 이직을 생각할 수 밖에 없을 것 같습니다. 지금은 의사소통이 거의 되지 않고 이중적이고 양면적인 모습으로 서로의 감정들을 숨기고 있으며 서로간의 관계도 어느 정도 대립상태에 들어서 약간의 거리감이 있어 보입니다. 많이 힘드시겠습니다. 당장 이 모든 상황을 다 끝내고 새롭게 시작하고 싶은 마음이 클 것 같습니다. 하지만 직장이라는 곳은 어디를 가더라도 인간관계로 가장 힘들 수 밖에 없는곳입니다. 지금의 상황들이 힘들더라도 조금은 다른 관점으로 이 문제를 관조적으로 바라볼 필요가 있으며 시간이 지나면 이 모든 상황들은 자연스럽게 정리가 되어 새로운 에너지가 나오는 공간에서 일을 할 수 있을것입니다. 또한 이전의 불편했던 감정들에서도 분리가 되어 감정적인 소모를 더 이상 하지 않을 수 있을것입니다. 조금 시간과 여유를 가지고 문제를 한발짝 떨어져서 볼 필요가 있겠습니다.

〈 조언 & 코칭 〉

행맨의 카드가 나온 것으로 보아 내담자는 직장을 당장 옮기는 것은 어려울 것 같고 약간의 정체기와 감정적인 부분에서도 회복을 위한 시간이 필요해 보입니다. 그러한 시간들을 슬기롭게 견뎌낸다면 직장인으로서의 한 단계 업그레이드가 된 성숙된 자신을 발견할 수 있을 것이고 구성원들에 대한 실망감도 차츰 벗어나게 될 것입니다. 힘내세요.

3. 중급 배열법 - (3) 이너 배열법

실전 상담 연습

(3) 이너 배열법 ①

♣ 전문상담 : 김현식 공저 & 트레이너 ♣

〈사례48〉 소개팅으로 만난 남자분을 지금 2개월째 만나고 있습니다. 아직 본격적으로 사귀는 단계는 아닙니다. 우리를 지인들이 어떻게 바라보는지도 궁금하고 우리의 관계 흐름도 알아보고 싶습니다. (20대 후반 여성)

〈 전문 상담 〉

　소개팅한 남자분은 만나면 좋고 서로 잘 통하는 듯 즐겁게 생각하지만 계속 만남을 가져야 할지는 아직 생각 중인 것 같습니다. 내담자분은 마음에 맞는 분을 만나 사귀고 싶은 마음이 있습니다. 둘의 관계는 주위에서 볼 때 서로 수용하며 포용적이며 잘 어울린다고 생각합니다. 두 분의 관계는 서로 조심스러워하며 자신감이 없어 보이는 부분도 있지만 감성이 풍부하고 열정적이고 서로 감성이 넘치는 듯 합니다. 결과적으로 틀에 박힌 사고방식이나 보수적인 부분 등을 서로 고집하지 않는다면 이해심을 가지고 포용력을 가진 좋은 관계로 나아가실 것 같습니다.

〈 조언 & 코칭 〉

　내담자분께서 그 소개팅한 남자분이 맘에 쏙 든다면 주위의 도움을 받는 것도 방법일 수 있습니다. 또한, 자신이 적극적으로 하거나 자신의 카리스마를 내세우기 보다는 상대방에 대한 이해와 포용력을 가지고 상대방을 먼저 생각해주는 리더쉽을 발휘한다면 좋은 관계로 발전할 수 있습니다.

실전 상담 연습

(3) 이너 배열법 ②

♣ 전문상담 : 강미정 공저 & 트레이너 ♣

〈사례49〉 소개팅으로 만난 남자분을 지금 2개월째 만나고 있습니다. 아직 본격적으로 사귀는 단계는 아닙니다. 우리를 지인들이 어떻게 바라보는지도 궁금하고 우리의 관계 흐름도 알아보고 싶습니다. (20대 후반 여성)

〈 전문 상담 〉

내담자는 자기 주장이 강하고 남성과의 사이에서 항상 주도권을 잡아야 직성이 풀리는 성격의 소유자이시고 상대 또한 매우 자기 주장이 강하고 자신의 생각이 최고라는 생각이 강한 사람이라 타인과의 갈등이 필연적이신 분이십니다. 서로의 존재를 본다기보다는 상황이나 자신들의 일에 더 집중을 하는 관계일 가능성이 많아 보입니다. 일과 사랑, 또는 본인과 타인 사이에 무게중심을 놓고 항상 고민하는 시간을 가질 것 같습니다.

〈 조언 & 코칭 〉

각자 자기주장이 강한 사람들이라 서로 현실적인 상황을 상대의 입장에서 이해하는 태도가 필요합니다. 상대의 이야기에 더 많은 관심을 가져 주고 들어주는 시간이 필요합니다. 그런 시간들이 지나면 좋은 관계로 유지될 것 같습니다. 서로 균형과 조화를 맞추는 시간과 공유되는 경험을 통해 간격을 줄여가는 노력이 필요할 것 같습니다.

실전 상담 연습

(3) 이너 배열법 ③

♣ 전문상담 : 김윤하 공저 & 트레이너 ♣

〈사례50〉 소개팅으로 만난 남자분을 지금 2개월째 만나고 있습니다. 아직 본격적으로 사귀는 단계는 아닙니다. 우리를 지인들이 어떻게 바라보는지도 궁금하고 우리의 관계 흐름도 알아보고 싶습니다. (20대 후반 여성)

〈 전문 상담 〉

사귀는 분은 당신보다 더 적극적으로 당신을 알고 싶어 하네요. 반면에 당신은 신중하면서도 천천히 알아가며 다음 단계로 이어지기 바라고요. 지금은 서로 알아가며 좋은 관계를 시작한 때입니다.

아마 주변 사람이 모두 당신을 도우려 할 것입니다. 하지만 당신은 참견한다 생각할 수도 있습니다. 선택은 당신의 몫이지만 참견으로만 듣지 말고 경청할 필요도 있습니다. 그리하면 만나는 사람과 서로 사랑하며 삶을 꾸려 나가기 수월할 것입니다.

〈 조언 & 코칭 〉

서로 사랑하며 삶을 함께할 배우자를 찾는다면, 때로는 모험적이고 도전적인 모습도 보여줄 필요가 있습니다. 또한, 주변 사람의 충고를 가볍게 여기지 말고 참고하여 당신의 마음이 가는 데로 만남을 이어가기 바랍니다.

(3) 이너 배열법 ④

♣ 전문상담 : 김정숙 공저 & 트레이너 ♣

〈사례51〉 소개팅으로 만난 남자분을 지금 2개월째 만나고 있습니다. 아직 본격적으로 사귀는 단계는 아닙니다. 우리를 지인들이 어떻게 바라보는지도 궁금하고 우리의 관계 흐름도 알아보고 싶습니다. (20대 후반 여성)

〈 전문 상담 〉

소개팅으로 만난 분과 2개월째 관계를 이어오고 계시는군요. 내담자분께서는 현실적, 금전적으로 안정되고 여유있는 상황에서 당당하고 자신감 있게 상대방을 만나고 있으신 것 같네요. 상대방 역시 차분하면서도 내담자분에 대한 신뢰를 바탕으로 천천히 다가오고 있구요. 주변에서는 남자분의 적극적인 구애로 두 분의 연애가 빠르게 진전될 것이라 보고 있지만, 현실적인 부분들을 서로 생각하다 보니 기다림과 인내, 성찰하는 시간이 조금 길어질 듯합니다. 그리고 서로 관조하며 성찰하는 시기가 지나고 나면 자신의 생각과 행동에서 아쉬웠던 부분들을 알게 되고 이를 넘어서려 노력하기 때문에 관계에 진전이 있을 것으로 보입니다.

〈 조언 & 코칭 〉

여유 있는 마음으로 천천히 다가가고 계시는군요. 상대방에 대해 자세히 알아가면서 신뢰를 쌓는 일은 매우 중요하지만 자칫 현실적, 계산적으로 치우치게 되면 관계에 진전이 있기 어렵습니다. 자신의 감정에 집중하면서 좀 더 적극적인 태도가 필요합니다.

실전 상담 연습

(3) 이너 배열법 ⑤

♣ 전문상담 : 고선희 공저 & 트레이너 ♣

〈사례52〉 소개팅으로 만난 남자분을 지금 2개월째 만나고 있습니다. 아직 본격적으로 사귀는 단계는 아닙니다. 우리를 지인들이 어떻게 바라보는지도 궁금하고 우리의 관계 흐름도 알아보고 싶습니다. (20대 후반 여성)

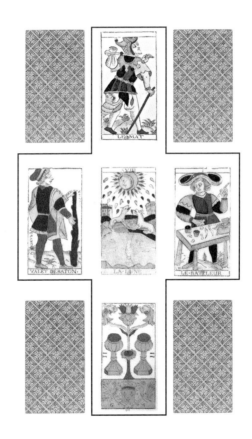

〈 전문 상담 〉

내담자는 계획적이고 당당함을 가지고 계신 분으로 앞날에 대한 포부도 큰 분이네요.

소개팅 남자는 아직 연애감정이 확실히 생기거나 하지는 않은 상태이며 연애경험도 별로 없었을 것입니다. 그렇지만 소개팅 남자는 연애를 시작한 다면 능동적으로 열정을 가지고 할 수 있는 분입니다. 그러나 내담자가 보기에는 다소 성급해 보이거나 무계획적으로 보일 수 있습니다.

주변에서는 서로 어울리는 관계로 보며 호감을 갖고 있다고 생각합니다.

두 사람의 관계는 외부적으로 보기에 재미있게 즐기는 연애 관계로 보일 수 있으며, 믿음을 가지고 만나는 관계로 보기에는 조금 어려움이 있습니다.

결과적으로는 다소 무계획적인 남자분과 목표를 세우고 계획적으로 추진해 나가는 내담자분의 성향차이로 답답한 갈등상황이 발생할 수 있습니다.

〈 조언 & 코칭 〉

주변에서는 서로에게 호감을 갖고 있으며 잘 어울리는 만남이라고 생각하며, 즐겁고 화려한 느낌의 연애를 즐기는 관계가 될 수 있겠으나 연애에 대한 가치관이나 성향의 차이로 갈등상황이 발생할 수 있습니다.

상대 남자분은 연애에 대한 경험도 부족하고 기술도 부족할 수 있으니 갈등 해결을 위해서는 내담자분이 자신의 마음을 숨기지 마시고 원하는 바를 솔직하게 표현하며 지혜롭게 맞춰 나감이 필요할 것입니다.

(3) 이너 배열법 ⑥

♣ 전문상담 : 이명희 공저 & 트레이너 ♣

〈사례53〉 소개팅으로 만난 남자분을 지금 2개월째 만나고 있습니다. 아직 본격적으로 사귀는 단계는 아닙니다. 우리를 지인들이 어떻게 바라보는지도 궁금하고 우리의 관계 흐름도 알아보고 싶습니다. (20대 후반 여성)

〈 전문 상담 〉

내담자께서는 감성적이고 상냥한 성격의 소유자로 매사에 감추지 않고 솔직하게 자신의 생각과 모습을 드러내는 분 같습니다. 소개팅으로 만난 남자분은 매우 합리적이고 현실적이며 감성보다는 이성적인 판단을 하는 성품으로 추진력과 리더십을 갖추었을 뿐 만 아니라 자신의 분야에서도 안정적이며 상당히 성공적인 위치를 구축한 분이십니다. 따라서 두 사람의 성격이나 추구하는 삶의 형태, 살아온 환경 등은 어쩌면 서로 많이 다르고 차이가 날 수 있습니다. 현재 두 사람은 그러한 차이와 다름을 인정하고 조금씩 서로에 대해 알아가고자 하나 진척이 너무나 더뎌 보입니다. 지인들도 두 사람의 만남에 관심을 가지고 지켜보고 있으니 관계가 좀 더 발전하기를 기대한다면 내담자께서 먼저 솔직하게 마음 표현을 해 보시기 바랍니다.

〈 조언 & 코칭 〉

수비학에서 4는 2+2로 신뢰를 바탕으로 하는 안정적인 관계를 의미합니다. 두 사람의 다른 모습들은 서로에게 없는 부분을 보완해주는 역할을 하게 되어 안정적인 관계로 발전하게 되리라 봅니다. 다름을 인정하고 받아들이는 마음이 중요합니다.

실전 상담 연습

(3) 이너 배열법 ⑦

♣ 전문상담 : 이주연 공저 & 트레이너 ♣

〈사례54〉 소개팅으로 만난 남자분을 지금 2개월째 만나고 있습니다. 아직 본격적으로 사귀는 단계는 아닙니다. 우리를 지인들이 어떻게 바라보는지도 궁금하고 우리의 관계 흐름도 알아보고 싶습니다. (20대 후반 여성)

〈 전문 상담 〉

소개팅으로 만난 분과 사귀는 단계는 아니나, 지인들이 어떻게 보고 있고, 만나는 분과의 관계의 흐름을 알아보고 싶으시군요. 내담자께서는 상대방을 좋은 사람으로 생각하고 만남을 지속하고자 하는 마음이 있으신 것 같아요. 상대방 남자분도 내담자에 대해 좋은 마음을 가지고 있고 섬세함을 가지고 계신 분이시네요. 두 분의 관계는 마음을 서로 가지고 있으나 아직 표현되지 않고 진전이 안되고 있는 듯 하네요. 주변에서는 두 분을 잘 맞는다고 생각하고 좋은 인연이라고 여기고 있어요. 하지만 좀 더 두 분만이 아니라 주변과도 소통을 하기를 바라고 있네요. 관계의 흐름은 사귀는 가능성이 있어 보이나 진전이 없이 흘러갈 듯 싶네요.

〈 조언 & 코칭 〉

표현하지 않으면 나의 마음은 아무도 모릅니다. 남이 나의 마음을 알아주기만 바란다면 결국 상대방은 나의 마음도 모르고 좋은 인연이 될 수 있었으나 연결되지 못하고 후회 속에서 살 수 있어요. 좋은 분이라고 생각하신다면 누가 먼저가 중요하지 않으니 먼저 표현해보세요.

(3) 이너 배열법 ⑧

♣ 전문상담 : 이정숙 공저 & 트레이너 ♣

〈사례55〉 소개팅으로 만난 남자분을 지금 2개월째 만나고 있습니다. 아직 본격적으로 사귀는 단계는 아닙니다. 우리를 지인들이 어떻게 바라보는지도 궁금하고 우리의 관계 흐름도 알아보고 싶습니다. (20대 후반 여성)

〈 전문 상담 〉

내담자분은 지금 만나는 남성분이 맘에 드시나 봅니다. 그 분을 진실한 완성, 이상형이라 생각하고 있지만 상대의 마음은 예전에 헤어졌던 연인에 대해 미련이 있어 보입니다. 2개월을 만났지만 아직 연인 사이로 발전하지 않은 것을 보면, 누구 하나 고백하지 않고, 서로를 지켜보고 있으며 우리가 연인이 될 수 있을까 선택에 대한 고민을 하고 계시네요. 지인들은 두 분의 관계가 유동적이며 전환점, 터닝 포인트가 필요하다고 판단하고 있습니다. 솔직하게 상대에게 본인의 마음을 이야기하는 시간을 가져보세요. 의기소침하기보다 솔직한 표현이 상대의 마음을 움직이게 할 수 있습니다. 그런 노력을 통한다면 관계의 시작, 감성적인 만남의 시작을 기대해도 좋습니다.

〈 조언 & 코칭 〉

스프레드에는 메이저 카드가 반 이상이 나왔기 때문에 주변의 환경보다는 자신의 생각과 행동이 주요 변인인 될 수 있음을 알 수 있습니다. 사랑은 타이밍이라는 말이 있습니다. 서로에 대한 마음의 움직임이 같은 속도가 아닌 것에 속상해하지 마세요. 먼저 솔직한 사람이 상대의 마음을 얻을 수 있습니다.

(3) 이너 배열법 ⑨

♣ 전문상담 : 장영숙 공저 & 트레이너 ♣

〈사례56〉 소개팅으로 만난 남자분을 지금 2개월째 만나고 있습니다. 아직 본격적으로 사귀는 단계는 아닙니다. 우리를 지인들이 어떻게 바라보는지도 궁금하고 우리의 관계 흐름도 알아보고 싶습니다. (20대 후반 여성)

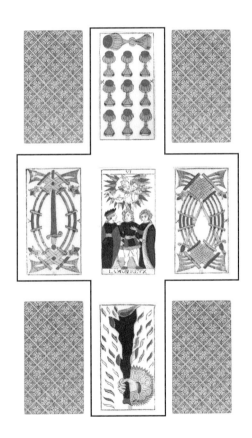

〈전문 상담〉

우선 상대방은 지금 감정적으로 충만하고 안정적인 관계를 맺고 싶어합니다. 내담자는 이 남자분과 본격적으로 사귈까 말까 고민이 많은 것 같습니다. 남자분이 너무 잘해주고 주변에 친구들도 많고 하니 내담자에 대한 마음이 진실인지 조금 의심하는 마음도 있어 보입니다. 주변에서는 두 분의 만남을 관심있게 지켜보고 있고 시작될 연인으로 바라보고 있습니다. 서로 솔직하게 감정을 드러내지 못하고 표현하지 못했던 그간의 관계는 청산하고 곧 새로운 시작을 하게 되며 연인으로 발전할 것으로 보입니다.

〈조언 & 코칭〉

소개팅 이후 남자분에게 관심은 있으나 표현하지 못하고 속으로 끙끙 앓고 있었던 모습이 보이네요. 남자분에 대한 확신이 서지 않았던 것 같습니다. 그러나 곧 복잡한 마음을 내려놓고 좋은 연인관계로 발전할 것이니 조금씩 마음을 열어 내담자분의 마음을 보여주세요.

3. 중급 배열법 - (4) 시계 배열법

실전 상담 연습

(4) 시계 배열법 ①

♣ 전문상담 : 김현식 공저 & 트레이너 ♣

〈사례57〉 2020년 올 한해의 흐름이 어떻게 될지? 특히, 여자 친구와의 결혼을 계획하고 있어 여자 친구와의 사랑, 감정 등의 관계를 알고 싶습니다. (30대 초반 남성)

〈 전문 상담 〉

내담자의 올해는 중요하고도 대체로 좋은 한 해가 될 것 같습니다. 여자 친구와의 결혼은 내담자분께서 마음을 먹고 적극적으로 추진한다면 결혼을 할 수 있을 거 같습니다. 여자 친구와의 감정과 사랑에서는 자신감을 가지고 자신의 생각을 잘 전달해야 될 것 같습니다. 일적으로는 해외와 관련된 일이거나 새로운 변화가 있을 것 같습니다. 자신의 추진력과 창의력, 자신감 등을 발휘한다면 1년이 대체로 좋은 한 해가 될 것 같습니다.

〈 조언 & 코칭 〉

내담자분께서 전반적으로 적극성과 주변과의 조화를 생각하셔서 추진하면 좋을 것 같습니다. 때로는 힘들고 자신이 없는 상황도 벌어지겠지만. 자신감을 가지고 생활하는 한 해가 되길 바랍니다.

(4) 시계 배열법 ②

♣ 전문상담 : 강미정 공저 & 트레이너 ♣

〈사례58〉 2020년 올 한해의 흐름이 어떻게 될지? 특히, 여자 친구와의 결혼을 계획하고 있어 여자 친구와의 사랑, 감정 등의 관계를 알고 싶습니다. (30대 초반 남성)

〈 전문 상담 〉

1월에는 서로가 바쁘거나 떨어져있는 시간이 많아서 온라인으로 만나는 시간이 많을 것 같고 2월에는 예기치 않은 일로 서로 싸우는 일이 생길 것 같아요. 3월에는 금전적으로 돈이 들어올 것 같구요. 4월에는 둘 중에 한 사람이 직장을 옮기거나 여행을 계획할 것 같네요. 5월은 현실적인 계획이나 재정적 상황이 흔들리는 과도기적인 달이네요. 6월에는 두 사람 중 한 사람이 자기주장을 내세워 한 사람에게 상처를 줄 수 있는 달이니 조심해야겠네요. 7월은 서로 사랑에 충만한 달일 것 같아요. 8월은 무엇이든 창의적인 일을 계획해볼 것 같아요. 9월에는 서로 간의 믿음이 확고해지고 매우 편한 모습으로 친구같기도 하고 연인 같기도 한 사이가 된답니다. 10월에는 안정된 연인 사이를 기반으로 현실적인 계획을 실행에 옮기겠는데요. 11월에는 뭔가 성과를 이루겠는데요. 12월에는 현실적인 상황과 조화를 이루어 만족감을 얻고 자성에 젖은 과거를 현실적 대처로 뛰어 넘으면서 한 단계 성숙한 사이로 발전하겠어요.

〈 조언 & 코칭 〉

항상 해가 비치면 사막이 되고 만다는 말이 있습니다. 해가 비치고 비가 오고 바람이 불겠지만 올 한해도 성숙하고 깊어지는 연인관계로 발전할 것 같아요!

실전 상담 연습

(4) 시계 배열법 ③

♣ 전문상담 : 김윤하 공저 & 트레이너 ♣

〈사례59〉 2020년 올 한해의 흐름이 어떻게 될지? 특히, 여자 친구와의 결혼을 계획하고 있어 여자 친구와의 사랑, 감정 등의 관계를 알고 싶습니다. (30대 초반 남성)

〈 전문 상담 〉

1월: 계획이 현실로 이루어지는 시작 단계지만 경제적인 문제가 아직은 불안정할 수 있습니다.

2월: 새로운 시작은 과거의 경험에서 비롯하지만, 너무 과거에 집착하면 시작이 힘들 수 있습니다.

3월: 여자 친구와 관계가 더욱더 깊어지는 시기입니다. 당신은 옳고 그름에 대한 사려 깊고 정확한 판단력을 보유한 사람이지만, 정에 약해 상대방이 잘못을 저질렀어도 상대가 솔직하면 용서를 합니다.

4월: 오해가 연속해서 발생합니다. 그러나 사랑을 잃게 되는 것은 아닙니다.

5월: 강하게 자기를 표현하는 여자친구와 갈등이 있을 수 있습니다.

6월: 자신을 드러내기보다는 누그러뜨리고 자제하면서 여자친구에게 맞춰야 할 때입니다.

7월: 고민에 빠질 수 있습니다. 결혼 계획이 생각대로 진행이 안 돼서 우울함이 지속되고 날카로운 심리상태를 나타낼 수 있습니다.

8월: 여자 친구와 결혼을 준비하는데 서로 현실적 상황도 잘 파악하고 준비합니다.

9월: 아버지같이 자상하고 친절하게 여자친구를 대하지만, 때로는 과민하게 반응하고 집착한 나머지 여자친구를 옭아매려는 탓에 자잘한 다툼이 발생하기도 합니다.

10월: 두 사람은 더욱더 서로 사랑하고 있음을 확인합니다..

11월: 결혼을 준비하는데 앞서 다시 한번 전체적 점검이 필요할 때입니다. 결혼을 준비함에 반드시 처음 자신이 세운 계획을 잊어서는 안 될 것이다.

12월: 주변의 시선을 의식하면서 둘 사이에 갈등이 발생할 수 있습니다. 결혼을 준비하며 힘든 부분을 솔직하게 드러내지 않으면 결혼이 늦어질 수 있습니다.

〈 조언 & 코칭 〉

시간을 두고 더 지켜봐야 합니다. 상황에 쫓겨 결혼을 진행하면 서로 힘들어질 수 있습니다. 결혼을 준비하며 사소한 일로 부딪침이 많아질 것입니다. 당신은 자신의 신념이나 의지가 강하여 일방적으로 상대방을 대할 수 있습니다. 여자 친구와 원만한 관계를 위해 좀 더 부드러운 자세가 필요합니다.

실전 상담 연습

(4) 시계 배열법 ④

♣ 전문상담 : 김정숙 공저 & 트레이너 ♣

〈사례60〉 2020년 올 한해의 흐름이 어떻게 될지? 특히, 여자 친구와의 결혼을 계획하고 있어 여자 친구와의 사랑, 감정 등의 관계를 알고 싶습니다. (30대 초반 남성)

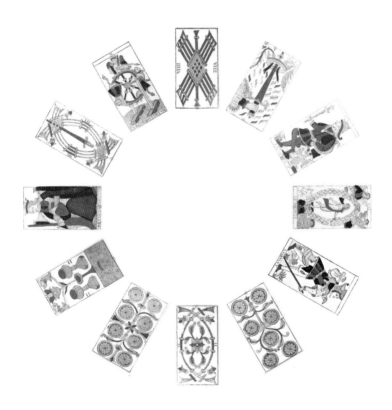

〈 전문 상담 〉

여자 친구분과의 결혼을 계획하고 계시군요. 강력한 에너지와 의지, 열정이 느껴집니다.

전체적으로 상반기에 여자 친구분과 관련하여 굵직한 일들이 많이 일어나는데요, 내담자분은 아버지처럼 자상하고 친절한 사람이지만 자신의 세계가 강하기 때문에 때로 상대를 구속하려 하다 보니 이로 인해 자잘한 다툼들이 생길 수 있습니다. 한 수 접고 들어간다고 해서 내담자분의 매력과 장점이 무너지는 것은 아니니 좀더 여유를 가지고 부드럽게 대해 보세요. 서로 간에 오해가 연속될 수도 있습니다. 사랑이 흔들리지는 않지만 여러 가지 우여곡절이 예상되네요. 섣불리 해결하려 하지 말고 시간을 가지고 풀어가는 것이 필요합니다. 신중하게 때를 기다리다 보면 갈등이 일시적으로 봉합되는 때를 지나 서로 화합하고 다시 사랑의 감정을 교류할 수 있게 될 것입니다. 하반기에도 여자 친구와의 관계에서 작은 것에 신경을 많이 쓰고 민감해질 수 있습니다. 반복되는 상황에 지치기도 하는데요, 진정한 행복을 위해서는 매사에 좀더 여유가 필요합니다. 융통성과 재치있는 임기응변의 지혜를 발휘한다면 정체되어 있던 상황을 극복하고 깊이 있는 소통과 사랑을 나눌 수 있을 것입니다.

〈 조언 & 코칭 〉

마음에 여유가 많이 필요한 한 해입니다. 결혼이라는, 그동안 쌓아 온 사랑의 결실을 맺기 위한 마지막 시련의 관문일 수도 있습니다. 마지막까지 긴장을 끈을 놓지 말고 자신의 감정과 행동을 조절해 보세요. 자신의 생각을 너무 내세워 상대를 구속하거나 갈등을 섣불리 해결하려 하기보다는 상대방을 존중하면서 여자 친구가 진정 바라는 것은 무엇일지에 좀더 집중한다면 좋은 결실을 맺을 수 있을 것입니다.

실전 상담 연습

(4) 시계 배열법 ⑤

♣ 전문상담 : 고선희 공저 & 트레이너 ♣

〈사례61〉 2020년 올 한해의 흐름이 어떻게 될지? 특히, 여자 친구와의 결혼을 계획하고 있어 여자 친구와의 사랑, 감정 등의 관계를 알고 싶습니다. (30대 초반 남성)

올해 결혼이라는 인생의 큰 계획을 세우고 계시는군요. 올해의 전체적인 흐름을 보면 내담자 자신이 직접 결정하고 바꿔나가는 한 해이기 보다는 마이너카드가 주로 나온 것으로 보아 주변의 상황들에 의한 영향들이 많이 작용하는 한해가 될 것으로 보입니다.

먼저 1월에는 내담자분이 생각하시기에 다소 답답한 상황이 될 수 있습니다. 이는 서로에 대한 이해가 부족한 상황으로 이때는 서로 눈치만 보거나 억지로 괜찮은 척하는 것 보다는 미리 의견이 다른 부분을 조율해 나가는 과정이 있으면 좋을 것입니다.

내담자분은 결혼과 관련하여 여자 친구와의 사랑, 감정에 대한 부분이 궁금하다고 하셨는데 결혼은 아무래도 현실적 부분이다 보니 마음을 나누는 감정보다는 생각과 가치관, 현실적 기반과 관련된 카드들이 주로 나온 것 같습니다.

2월은 현실적으로 변화보다는 안정을 추구하는 달이며 3월은 내담자분이 자신감을 가지고 결혼에 대한 계획을 추진하고자 하는데 다소 부족한 계획일 수 있으니 신중한 계획을 세워보는 것이 좋습니다. 그리고 4월 시작, 즉 결혼에 대한 의지를 표출하며 5월 현실적 기틀이 안정적으로 다져지게 되어 결혼운이 있는 달이기도 합니다.

6월은 내담자분이 다소 현실적 안정과 함께 가장으로서의 역할을 충실히 할 것이지만 관계 속에서 다소 계산적이 될 수 있으니 이점은 유의하시는 것이 좋습니다.

이후 하반기인 7월은 생각과 가치관 부분에서 갈등의 해결을 위해 적극적인 대처보다는 한발 물러나 자신을 되돌아보게 되는 달이며 8월과 9월은 무엇인가 빠르게 진행되며 변화하는 달이 될 것입니다. 이 시기에는 내담자분이 해야 할 일이 많아지게 되니 책임과 의무도 따르게 됨을 잊지 말고 한 단계 쉬어가며 이성적 생각의 시간도 필요할 것입니다.

9월은 지적 탐구나 정신적 성찰을 위해 몰두하는 시간이 될 것으로 보입니다.

10월은 가치관이나 생각의 차이에서 오는 갈등상황이 생기며 그 갈등상황을 해결해 보고자 노력하지만 근본적인 접근이 아니라 당장의 갈등만을 해결하려고 하시네요. 그러나 12월에는 새로운 시작에 대한 희망을 가지고 한해를 마무리하게 될 것으로 보입니다.

〈 조언 & 코칭 〉

올해 결혼이라는 인생의 큰 계획 속에서 여자 친구와의 관계를 물어보셨는데 전체적 카드의 흐름을 살펴보면 서로의 마음과 감정의 교류를 의미하는 카드들이 나오지 않았습니다. 이것으로 보아 현재 두 분은 결혼을 현실적 부분에 중점을 두고 있는 것으로 생각됩니다.

결혼에 생각과 가치관, 현실적 기반 역시 중요하지만, 그래도 두 사람이 평생을 함께 할 인생의 동반자가 되는 과정이 결혼이기에 서로의 마음을 나누는 것이 무엇보다 중요하다고 생각됩니다. 갈등 상황을 적극적으로 해결하지 않고 넘어가는 것은 후에 호미로 막을 것을 가래로 막는 상황이 발생할 수 있으니 더더욱 소통으로 해결함이 필요합니다.

이렇게 서로의 마음을 나누고 결혼계획을 추진하신다면 새로운 희망 속에서 멋진 인생을 함께 시작할 수 있을 것입니다.

(4) 시계 배열법 ⑥

♣ 전문상담 : 이명희 공저 & 트레이너 ♣

〈사례62〉 2020년 올 한해의 흐름이 어떻게 될지? 특히, 여자 친구와의 결혼을 계획하고 있어 여자 친구와의 사랑, 감정 등의 관계를 알고 싶습니다. (30대 초반 남성)

〈 전문 상담 〉

내담자께서는 좋아하는 여자 친구와의 결혼을 계획하고 있다고 하나 구체적인 계획이나 행동으로 옮길 만한 준비도 안 되어있고 여러 가지 상황 또한 결정된 것은 없어 보입니다. 거기에다 현재 여자 친구의 마음은 좋아하는 감정만으로 결혼이라는 결정을 하기엔 불안정한 현실로 인해 쉽게 마음을 정하지 못하고 있습니다. 결혼하겠다는 마음이 흔들림 없이 결실을 맺기 위해서는 한쪽의 일방적인 밀어붙임이 아닌 두 사람이 현실적인 여러 가지 어려움을 함께 풀어가는 노력이 있어야 성공적인 결실을 얻을 수 있습니다. 그렇지만 내담자께서 계획을 이루기 위해 열심히 노력한 결과로 후반기로 가면서 경제적인 안정과 함께 관계의 발전도 있어 원하시는 결혼도 가능하겠습니다. 그러나 매사에 내 생각과 판단만을 일방적으로 고집한다면 또다시 갈등으로 인한 어려움을 겪을 수 있습니다.

〈 조언 & 코칭 〉

결혼은 일방적인 선택의 결과가 아닙니다. 내 생각과 주장만이 아니라 상대방의 생각과 감정을 존중하고 배려해 주는 유연하고 균형 잡힌 마음과 자세가 필요합니다.

(4) 시계 배열법 ⑦

♣ 전문상담 : 이주연 공저 & 트레이너 ♣

〈사례63〉 2020년 올 한해의 흐름이 어떻게 될지? 특히, 여자 친구와의 결혼을 계획하고 있어 여자 친구와의 사랑, 감정 등의 관계를 알고 싶습니다. (30대 초반 남성)

〈 전문 상담 〉

2020년 올 한해의 흐름과 여자친구에 대한 것들이 궁금하시군요. 전체적인 흐름으로 봤을 때 결혼을 당장하는 것은 아니고, 결혼에 대한 진행이 이루어짐에 많은 장애물이 있을 것 같은 한 해가 될 것 같아요. 특히 올 한해는 스스로가 어떤 마음가짐을 가지느냐에 따라서 불만족한 상황이 생기기도 하고, 더불어 많은 선택상황도 놓여지고, 진행이 막혀 힘들 수도 있을 것 같습니다. 하지만 그때마다 좀 더 준비에 시간을 투자하고, 주변의 조언을 들어보고 여자 친구분과 많은 대화를 통해 좋은 방향으로 나아간다면 충분히 상황을 좋은 분위기로 바꿀 수 있을 것 같네요. 올 한해는 너무 결혼에 대하여 조바심을 내지 마시고, 여자 친구와의 관계를 돈독히 하고, 서로에 대하여 좀 더 알아 갈 수 있도록 시간을 가지시는 것이 결혼을 계획하고 계시는 내담자가 원하시는 방향으로 나가는 데 도움이 될 것 같습니다. 4월부터 11월까지는 여러 가지 어려움이 생겨날 수 있어요. 하지만 먼저 걱정을 미리 하시는 것은 좋은 방법이 아니고, 본인 스스로가 이 어려움을 자신감과 배려함을 가지고 헤쳐나간다면 충분히 이겨낼 수 있습니다.

〈 조언 & 코칭 〉

2020년 한해는 여자 친구와 좀 더 관계를 돈독히 하는 해가 될 수 있도록 힘쓰시기 바랍니다. 특히 두분의 만남에서 너무 주도권을 쥐지 마시고, 집착하지 않으면서 충분한 대화를 하시는 게 도움이 많이 될 것 같습니다. 결혼은 사랑의 진정한 시작이라고도 하고, 또다른 출발이라고도 합니다. 사랑의 진정한 시작을 위해 올 한해 사랑하는 여자친구분과 소중한 시간을 가지시고 자신감을 갖되 너무 상대방에게 강요하지 않는 그런 한해를 보내시기 바랍니다. 결국 모든 것은 스스로가 마음먹고 행동하기 달렸기 때문이에요.

(4) 시계 배열법 ⑧

♣ 전문상담 : 이정숙 공저 & 트레이너 ♣

〈사례64〉 2020년 올 한해의 흐름이 어떻게 될지? 특히, 여자 친구와의 결혼을 계획하고 있어 여자 친구와의 사랑, 감정 등의 관계를 알고 싶습니다. (30대 초반 남성)

〈 전문 상담 〉

1월에는 여자 친구와 갈등이 있습니다. 그 동안 숨겨진 대립의 날을 세우지만 2월에는 함부로 상대를 대하는 일을 삼가고 서로에 대한 책임감을 갖게 됩니다. 3월에는 보이지 않는 잠재력의 영역에서 근심과 걱정이 있을 수 있으나 4월에는 갈등의 상황을 인정하면서 문제해결을 위해 화합하기 위해 노력하게 됩니다. 그 결과 5월에는 낭만적이고 순수하게 사랑했던 과거를 돌아보면서 추억에 젖게 됩니다. 그러면서 6월에는 다시 연애감정이 시작되어 순수하고 감성적인 추억에 젖게 되고, 7월에는 기존의 안정적인 관계를 회복하게 됩니다. 8월에는 서로 결혼을 위한 이상적인 목표를 세우기 시작합니다. 9월에는 드디어 결혼을 결정할 때가 무르익었음을 알려주는 시기이고, 하반기에는 결혼을 하게 됩니다. 10월에는 관계 변화가 시작되고 11월에는 결혼하기에는 다소 성급하므로, 서로 기다림, 인내가 필요한 시간이고 12월에 이르러서 결실(결혼)을 맺게 되는 흐름입니다.

〈 조언 & 코칭 〉

에페(소드), 쿠푸(컵)가 주로 보이는 스프레드입니다. 내담자 분에게 결혼하는 데 있어서 외부의 조건이나 금전적인 부분은 그리 중요해 보이지 않습니다. 결혼에 대한 마음 속 갈등이 있을 수 있고, 여자 친구에 대한 마음의 만족감을 상당히 중요하게 생각하는 분입니다. 결혼이란 두 가정이 만나 또 다른 한 가정을 이루는 공식적인 약속의 과정이므로 현실적으로 부딪힐 가능성이 많습니다. 그것을 미리 알고 준비하고 상대를 배려하면 결혼의 과정이 다소 수월할 수 있습니다.

(4) 시계 배열법 ⑨

♣ 전문상담 : 장영숙 공저 & 트레이너 ♣

〈사례65〉 2020년 올 한해의 흐름이 어떻게 될지? 특히, 여자 친구와의 결혼을 계획하고 있어 여자 친구와의 사랑, 감정 등의 관계를 알고 싶습니다. (30대 초반 남성)

〈 전문 상담 〉

1월에는 자기성찰의 시간을 보내면서 여자친구분과는 조금 소원하게 보낼 것 같습니다. 약간 외로워 보이기도 하네요. 하지만 2월과 3월경에 결혼에 대한 계획을 구체적으로 세우기 위한 시도를 할 것 같습니다. 4월경에 결혼에 대한 이야기가 나올 수 있을 것 같네요. 5월경에는 금전적인 흐름도 좋아 주변의 도움을 받을 일이 생길 것 같습니다. 6월에는 결혼에 대한 생각들에 사로잡혀 주변을 보지 못하고 한 곳에 감정적으로 빠져 있는 듯한 모습이 보이네요. 하반기로 넘어가면 구체적인 계획들이 생겨나고 실천하는 모습들이 보입니다. 특히 7,8,9월에는 계획한 것들을 실행하는 적극적인 모습들이 많이 보이며 실제로 눈으로 보이는 성과들도 있을것으로 보입니다. 결혼을 한다면 8월경에 가능성이 있을것으로 보이네요. 10월경에는 정신적으로 스트레스를 받을 일이 있을 것 같습니다. 하지만 11월과 12월에도 적극적이고 활발한 에너지를 이어 나가며 연말에는 안정적이고 눈으로 보이는 성과를 내 손안에 가질 수 있는 한 해가 될 것으로 보입니다.

〈 조언 & 코칭 〉

결혼은 현실입니다. 년도 카드에서 대부분 드니에(펜타클)나 바통(완드), 에페(소드)의 에너지가 많이 나온 것으로 보아 현실적인 문제에 많은 에너지를 쏟는 한해가 될 것으로 보입니다. 하지만 결혼을 준비하는 과정에서 서로에 대한 신뢰와 사랑을 확인하며 애틋한 연애 감정을 잘 쌓아가는것도 중요하며 그 부분을 놓치고 일방적으로 추진하다 보면 서로에게 상처가 되거나 결혼 자체가 스트레스가 될 수 있음을 명심하세요.

3. 중급 배열법 - (5) 사랑-인연 배열법

(5) 사랑-인연 배열법 ①

♣ 전문상담 : 김현식 공저 & 트레이너 ♣

〈사례66〉 남자친구가 프러포즈 할 생각을 하지 않아 제가 다음 주에 프러포즈를 하려고 합니다. 그전에 우리의 관계 상황을 파악해보고 싶습니다. (20대 초반 여성)

〈 전문 상담 〉

　여자의 마음은 남자를 자신의 생각과 마음대로 하고싶은 욕망이 강해 보이나 겉으로는 남자가 먼저 프로 포즈 해주길 기다립니다. 남자는 이런저런 행동보다 다만 자신의 내면에 좀더 집중해 있으며 본인의 마음을 찾고 싶어하며 자유롭고 싶어합니다. 내담자분은 능력도 있으시고 자신감도 있으신 분이나 너무 자신을 믿고 자신의 주장만 강할 수 있으며 안정만을 추구 하는 것처럼 보일수도 있습니다. 남자분은 순수하며 창의성이 많은 사람이지만 자신의 내면세계가 매우 강하여 연애가 힘들다는 단점을 가지고 있습니다. 내담자분은 서로 공감과 균형을 맞춰 가길 희망하고 남자분은 이해심 있고 인자함을 바라고 있습니다. 결과적으로 좀 더 시간을 가지고 생각을 해보시는 것이 좋을 것 같습니다.

〈 조언 & 코칭 〉

　자신의 입장과 생각을 너무 강하게 밀어붙이게 되면 상대방이 한발 물러날 수도 있기 때문에 천천히 상대방의 이야기를 들어주면서 조율을 해나가는 것이 좋겠습니다.

실전 상담 연습

(5) 사랑-인연 배열법 ②

♣ 전문상담 : 강미정 공저 & 트레이너 ♣

〈사례67〉 남자친구가 프러포즈 할 생각을 하지 않아 제가 다음 주에 프러포즈를 하려고 합니다. 그전에 우리의 관계 상황을 파악해보고 싶습니다. (20대 초반 여성)

〈 전문 상담 〉

내담자분은 착하고 순수하신 분이시고 자신의 생각을 잘 표현 못하시는 분이신데 프러포즈를 하실 생각을 하셨다니 현실적인 계획과 신뢰로 용기를 내셨네요. 순수하고 연애경험은 많이 없으시지만 그 열정과 행동은 적극적이신 것은 장점이신 것 같습니다. 강한 의지를 가지고 진취적이고 수용적인 모습을 드러내고 싶어하시네요. 만나고 계신 남성분은 자아가 강하고 정신적으로 영적으로 상당히 성숙하신 분이십니다. 내담자에게도 호감을 느끼고 있으며 별다른 문제 없이 순조롭게 사랑의 모습으로 진행시켜 나가려고 합니다. 하지만 이 남성분은 영민하고 상황파악이 빠르고 임기응변도 강해 진실되지 못한 성향도 있을 수 있습니다. 감성적인 면이나 상대에 대한 배려가 부족한 면도 보입니다. 소유욕이 강해서 상대방을 구속하거나 주도권을 잡으려고 해서 힘들게 할 수도 있습니다.

〈 조언 & 코칭 〉

행동을 먼저 하시지 마시고 한번 더 잘 생각해보시고 상대 남성이 가지고 있는 생각을 좀 더 나누어 보시고 내담자 자신과 맞는 사람인지 살펴보시는 시간이 좀 더 필요할 듯 보입니다.

실전 상담 연습

(5) 사랑-인연 배열법 ③

♣ 전문상담 : 김윤하 공저 & 트레이너 ♣

〈사례68〉 남자친구가 프러포즈 할 생각을 하지 않아 제가 다음 주에 프러포즈를 하려고 합니다. 그전에 우리의 관계 상황을 파악해보고 싶습니다. (20대 초반 여성)

〈 전문 상담 〉

당신은 프러포즈를 받고 싶은데 남자 친구가 가만히 있으니 답답하시군요. 하지만, 여건상 당장 결혼을 생각하고 있지는 않고요. 당신은 감수성이 풍부하고 자상하지만, 감정 기복이 심한 사람입니다. 어떠한 일을 계획하면 급하게 밀어붙여 빨리 끝내야 직성이 풀리기도 하고요. 두 사람의 관계가 빠르게 진행되지 않는다는 생각도 당신의 일방적인 감정에서 비롯된 불안 때문입니다.

남자 친구는 이제 사랑이 시작되었다고 생각합니다. 남자 친구는 두 사람의 사랑이 빠르게 진행되면 혹시나 기대와 다른 사랑으로 이어질까 조심스럽습니다. 상대에게 과민하게 반응하고 집착한 나머지 서로를 옭아매려는 사랑을 염려하고 있습니다.

남자 친구는 아이처럼 천진난만하고 친구처럼 편한 사람입니다. 하지만 자신의 감정을 잘 표현하지 않고 갈등이 생길 수 있는 감정을 쌓아두는 사람입니다. 당신은 똑 부러지는 성격이고 자신감이 뚜렷한 사람이라 앞으로도 관계를 주도해 나갈 것입니다.

〈 조언 & 코칭 〉

남자친구의 생각도 헤아려 보세요. 그래야 서로 오해가 생기지 않습니다. 사랑에도 균형이 필요합니다. 사랑의 감정은 자기가 통제할 수 없게 휘몰아치는 폭풍과도 같습니다. 그 감정에 휘말리다 보면 상대방에게 과민하게 반응하고 집착하게 됩니다. 집착은 균형에서 벗어나 서로를 힘들게 하는 감정입니다. 상대를 옭아매려는 탓에 다툼이 생길 수밖에 없고 서로에게 상처를 줍니다. 지금보다 여유를 갖고 남자 친구의 마음도 살피며 천천히 가십시오.

실전 상담 연습

(5) 사랑-인연 배열법 ④

♣ 전문상담 : 김정숙 공저 & 트레이너 ♣

〈사례69〉 남자친구가 프러포즈 할 생각을 하지 않아 제가 다음 주에 프러포즈를 하려고 합니다. 그전에 우리의 관계 상황을 파악해보고 싶습니다. (20대 초반 여성)

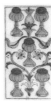

〈 전문 상담 〉

남자 친구분을 많이 사랑하고 계시군요. 남성분 자체에 대한 믿음과 신뢰도 있구요. 하지만 현재의 상황이 그리 만족스러워 보이지는 않습니다.

감수성이 풍부한 내담자분은 능력도 있고 자긍심이 강하며 관계에서도 적극적이시네요. 게다가 상대에 대한 소유욕도 있구요. 프러포즈하고 싶다는 마음이 들 정도로 남자친구분을 사랑하고 있지만 막상 하려고 하니 본인이 먼저 프러포즈를 한다는 사실이 마음에 걸리시나 봐요. 아마도 남자친구가 먼저 프러포즈해 주기를 많이 기다리셨나 봅니다.

그에 비해 남성분은 자신의 감정이 드러나는 것을 두려워합니다. 자신의 생각이나 감정을 숨기고 표현하지 않는 것에 더 익숙해 있어요. 겉으로 보기에는 잘 맞고 서로 공감을 잘하는 것 같지만 상대에 대해 잘 알지 못하는 부분이 있다고 생각합니다. 물론 이런 신중하고 침착한 태도에 더 믿음이 가기도 하지요. 다만, 중요한 판단을 할 때는 자신의 직관을 신뢰하고 보이는 부분보다는 마음이 이끄는 진실을 따라가는 것이 좋습니다. 그러면 바라던 대로 정체되어 있던 관계가 회복이 되겠지만 그러지 않는다면 두 사람의 관계는 다소 힘든, 새로운 국면을 맞게 될 것입니다.

〈 조언 & 코칭 〉

내담자분과 남자친구분은 관계를 맺는 방식과 속도가 서로 맞지 않아 보입니다. 마음에 있는 생각을 두 분 모두 솔직하게 표현해 보세요. 그것이 상대에 대한 서운함이나 두려움을 내려놓고 서로에게 더 다가갈 수 있는 지름길입니다.

(5) 사랑-인연 배열법 ⑤

♣ 전문상담 : 고선희 공저 & 트레이너 ♣

〈사례70〉 남자친구가 프러포즈 할 생각을 하지 않아 제가 다음 주에 프러포즈를 하려고 합니다. 그전에 우리의 관계 상황을 파악해보고 싶습니다. (20대 초반 여성)

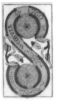

〈 전문 상담 〉

내담자분은 포용하는 마음이 큰 분이지만 현재는 남자친구와의 관계에서 불안함도 조금 가지고 계시네요. 그러나 자기 자신에 대한 자신감이 넘쳐 자기중심적 행동을 하실 때가 있으시네요. 반면 남자친구는 성실함과 계획성으로 안정적인 사랑을 우선으로 생각하며 자신의 의지를 적극적으로 표현하며 행동하려고 하고 있네요.

내담자분의 장점으로는 여성적이면서도 강인한 내면과 높은 지성을 소유하고 있지만 지나치게 자기주장이 강하고 자기주장에 대한 확신이 큰 것이 단점이라고 할 수 있습니다.

남자친구는 장점으로는 책임감이 강하고 목표한 바는 끝까지 최선을 다해 해나가는 것이고 단점으로는 이러한 책임감과 성실성이 지나치게 현실적 상황만을 우선시하여 안정과 균형을 찾아가는데 다소 시간이 걸리는 경향이 있는 것입니다.

내담자분은 안정적인 관계를 희망하고 계시지만 남자친구는 심사숙고하여 시간을 두고 진행하고자 하는 희망이 있으시네요. 이는 현실적 안정을 위한 남자친구의 책임감 있는 성격 때문이라고 생각됩니다.

결과적으로 여성인 내담자께서 남자친구의 상황을 고려하여 남자친구의 마음도 헤아려가며 수용적인 관계를 이어나간다면 내담자분이 원하는 관계로 발전해 나갈 수 있을 것입니다.

〈 조언 & 코칭 〉

남자친구와의 관계에서 안정을 찾고자 하는 마음을 가지고 있는 내담자분이 먼저 프러포즈를 하려고 하시는 상황인데, 남자친구는 현실적인 부분에 대한 계획 속에서 시간을 두고 심사숙고하여 관계를 이끌어가고자 하고 마음을 가지고 있습니다.

자칫 내담자의 독선적 추진은 남자친구의 자존심을 상하게 할 수 도 있으니 포용적 마음으로 남자친구의 마음을 이해하고 미래에 대해 서로 충분히 대화하여 마음을 나누는 것이 중요합니다.

실전 상담 연습

(5) 사랑-인연 배열법 ⑥

♣ 전문상담 : 이명희 공저 & 트레이너 ♣

〈사례71〉 남자친구가 프러포즈 할 생각을 하지 않아 제가 다음 주에 프러포즈를 하려고 합니다. 그전에 우리의 관계 상황을 파악해보고 싶습니다. (20대 초반 여성)

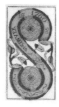

〈 전문 상담 〉

내담자께서는 남자친구를 진심으로 순수하게 사랑하고 있으며, 먼저 프러포즈를 해서라도 사랑의 결실을 얻고자 하는 적극적이고 열정적인 성격을 가지셨군요. 능력도 있어 스스로에 대한 자신감으로 당당한 태도를 지니고 있으나 한번 마음이 향하면 일방적으로 직진하는 고집스러운 면도 있군요. 반대로 남자친구는 순수한 사랑의 마음보다는 현실적인 관계를 중시하며 겉으로는 내담자만 생각하는 좋은 관계인 것 같이 행동하나 다른 이성에게도 마음이 헤픈 사람입니다. 내담자의 안정적인 여건을 이용하여 자신의 낭비벽에 대한 문제를 해결하고자 기대하고 있습니다, 두 사람의 만남은 서로 다른 기대와 마음을 조화롭게 잘 가꾸어 나갈 때 계속 진전이 있겠습니다.

〈 조언 & 코칭 〉

지나친 자신감은 올바른 판단을 하는데 장애물이 되기도 합니다. 주변의 이야기에도 귀 기울여 지혜롭고 현명한 결과를 얻으시기 바랍니다.

실전 상담 연습

(5) 사랑-인연 배열법 ⑦

♣ 전문상담 : 이주연 공저 & 트레이너 ♣

〈사례72〉 남자친구가 프러포즈 할 생각을 하지 않아 제가 다음 주에
프러포즈를 하려고 합니다. 그전에 우리의 관계 상황을 파악해보고 싶
습니다. (20대 초반 여성)

〈 전문 상담 〉

남자친구분과의 마음과 관계상황을 파악해보고 싶으시군요. 내담자는 남자친구의 의도를 잘 파악하지 못해 오해하는 경우가 많아 섭섭한 점이 많아보이고, 관계에 대한 자신감과 확실성이 없어보이네요. 그에 비해 남자친구분은 겉으로는 내담자와의 관계를 만족하는 듯 보이나 아직 내담자를 지켜보며 때를 기다리고 있는 듯 보입니다. 내담자는 관계를 조화롭게 하기위해서 노력하고 순수한 면이 있으나, 중요한 점을 간과하거나 무엇인지 잘 모르고 지나가는 면이 있는 것 같습니다. 남자친구분은 내담자에게 늘 힘이 되어주려하고, 희생적이지만 한 사람과의 오랜 만남을 힘들어 하는 분이군요. 주저하는 남자친구 분에게 내담자는 무언가 결단력있게 관계의 진전을 원하고 있고, 남자친구분은 현재에 만족하기를 원하고 있네요. 내담자 본인은 매력적인 분이에요. 정말 남자친구분과 결혼을 하고 행복한 생활까지 이어가시고 싶으시다면 자신이 생각하는 확신을 좀 내려놓고 남자친구분이 현재 무엇을 중요하게 생각하고 원하는지 이야기를 들어보세요. 그저 결정을 못 내리는 남자친구가 답답하다고 생각되신다면 관계에 대하여 더욱 깊이 생각해보시길 바랍니다.

〈 조언 & 코칭 〉

전체적으로 흘러가고 있는 분위기를 파악하는 것이 중요합니다. 프러포즈를 다음주에 하는 것이 중요한 것이 아니라 지금 남자친구분이 어떠한 생각을 하고 있는지 살펴보는 것이 필요합니다. 또한 본인 스스로도 이 관계와 나아가 결혼에 대하여 확신을 가지고 있는 지 다시 한번 생각해 보시기 바랍니다. 결혼은 혼자하는 것이 아니라 함께 하는 것이에요. 너무 성급하게 행동하지 마시고 시간을 가지고 본인의 마음을 들여다 보시고, 남자친구분과 이야기를 통해 서로에 대한 마음을 확인하시기 바랍니다. 언제 결혼하느냐는 중요하지 않아요.

(5) 사랑-인연 배열법 ⑧

♣ 전문상담 : 이정숙 공저 & 트레이너 ♣

〈사례73〉 남자친구가 프러포즈할 생각을 하지 않아 제가 다음 주에 프러포즈를 하려고 합니다. 그전에 우리의 관계 상황을 파악해보고 싶습니다. (20대 초반 여성)

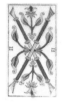

〈 전문 상담 〉

현재 내담자는 용기를 내어 지금과는 다른 관계를 맺기 시작하기 위하여 남자친구에게 헌신하고 감동을 주고 싶지만, 남자친구는 자신의 속마음을 드러내지 않은 채 행동이 신중한 상황입니다. 내담자는 감정의 교류를 통해 상대와 조화로운 관계를 맺을 수 있는 분이나, 남자친구를 향한 열정이 다소 과해 보일 수 있습니다. 남자친구는 안정적이고 사려가 깊어 갈등이 생기면 자신의 상황을 객관화하여 해결하려고 노력하는 신중함이 있지만, 내담자에게 자신의 마음이 정확하게 어떤 것인지 표현하지 않아 내담자를 걱정하게 하는군요. 내담자는 남자친구가 자신에게 마음과 사고를 집중해주고, 정신적 지주, 조언자가 되어주길 바라나, 현재 남자친구는 내담자분이 감정을 절제했으면 합니다. 이들의 관계는 지금은 우정의 단계라 생각됩니다. 남자친구는 여기서 내담자 분은 당신을 여자사람친구로 생각하고 있습니다. 서로의 관계의 변화에 대해 서로 바라는 부분에 대한 솔직한 대화를 통해서 관계의 개선, 터닝 포인트를 찾아야 할 것으로 보입니다.

〈 조언 & 코칭 〉

20대 초반 여성은 상대를 남자사람친구 이상의 관계를 원합니다. 그러나 남성분은 여자사람친구로 생각하고 있지요. 감정의 시작과 관계의 지향점은 조금 다를 수 있으나 진술한 대화로 나눠보세요. 자신의 감정에 솔직하다면 최소한 후회는 없습니다. 그리고 결과와 관계없이 그것은 자신에게 터닝 포인트가 될 것입니다.

실전 상담 연습

(5) 사랑-인연 배열법 ⑨

♣ 전문상담 : 장영숙 공저 & 트레이너 ♣

〈사례74〉 남자친구가 프러포즈 할 생각을 하지 않아 제가 다음 주에 프러포즈를 하려고 합니다. 그전에 우리의 관계 상황을 파악해보고 싶습니다. (20대 초반 여성)

〈 전문 상담 〉

내담자분이 현재 남자친구에게 마음을 전하고자 하는 마음이 크시고 프러포즈하고 싶은 속마음이 있으시네요. 남자친구분도 순수하고 안정된 감정을 가지신 따뜻한 분이세요. 그러나 내담자분은 속마음과 달리 겉으로 드러난 행동은 조금 차갑고 딱딱하게 보여질 수도 있어요. 남자친구분은 그에 반해 협력적이고 상대방에게 맞추려고 하는 분이시네요. 여러분의 장점은 현실적인 감각이 매우 뛰어나며 경제적으로도 안정된 상태라서 결혼을 할 준비가 되어 있어 보입니다. 그러나 자신의 마음을 드러내지 못하고 확신이 없어 결정하지 못하는 내적 갈등도 보입니다. 남자친구분도 마음은 있지만 신중한 성격이시라 쉽게 표현하지 못하시는 것 같아요. 남자친구분도 시작과 끝맺음이 확실한 성격이신데 결혼을 결정하는 것에 대한 결단은 여전히 어려워하고 계시며 그러한 부분을 여자분이 이끌어 가주기를 바라고 있습니다. 내담자분도 남자친구가 적극적으로 나오기를 바라시겠지만 남자친구분의 현재 경제적인 상황이 조금 어려워 고민하는 부분도 있으니 프러포즈를 여성분이 먼저 하신다면 남자친구분과 희망적인 미래를 그려나가실 수 있을 것이라 생각합니다.

〈 조언 & 코칭 〉

여성이 좀 더 주도적으로 리드라는 모습이 보입니다. 결혼이란 처음에는 그냥 좋아서 할 수 있지만 감정을 표현하는 것이나 행동하는 것에 균형을 맞춰야 오래도록 지속할 수 있는 것이라 생각합니다. 한 쪽에 치우치기보다 서로 간에 자신의 생각들을 가볍게라도 잘 표현할 수 있도록 노력하고 실천해 보세요.

4. 고급 배열법 - (1) 켈틱크로스 배열법

실전 상담 연습

(1) 켈틱크로스 배열법 ①

♣ 전문상담 : 김현식 공저 & 트레이너 ♣

〈사례75〉 몇 년 후, 제가 퇴직을 한 후 제2의 인생을 고민하고 있습니다. 그래서, 그나마 유용할 수 있다고 판단되는 공인중개사 자격증을 딸까 하는데 어떻게 될까요? (40대 후반 남성)

〈 전문 상담 〉

과거에는 현실에 만족하며 사신듯합니다. 지금은 다시 뭔가를 시작하여 새로운 삶을 살고자 하는 결심을 하신듯하나 문제는 할까 말까 고민이 많아 보입니다. 원하는 것을 찾아 자유롭게 살고 싶기도 하고 시작함을 기대하기도 하는데 곧 야망을 가지고 구체적인 계획 세워서 시작을 하실 것 같습니다. 자신은 본인이 하고 싶은 것을 할 수 있다고 보고 주변에서는 나아가기 위해 많은 사고를 하고 있다고 생각합니다. 안정된 성공을 희망하시며 결과적으로 꿈을 이루실 것 같습니다.

〈 조언 & 코칭 〉

자신에게 맞는 부분을 다양하게 생각해 보시고 생각하신 부분을 적극적으로 알아보시면서 그것이 진정 맞겠다 싶으면 적극적으로 준비해 보심이 좋을 거 같습니다.

(1) 켈틱크로스 배열법 ②

♣ 전문상담 : 강미정 공저 & 트레이너 ♣

〈사례76〉 몇 년 후, 제가 퇴직을 한 후 제2의 인생을 고민하고 있습니다. 그래서, 그나마 유용할 수 있다고 판단되는 공인중개사 자격증을 딸까 하는데 어떻게 될까요? (40대 후반 남성)

〈 전문 상담 〉

곧 퇴직을 하시는군요. 요즘에는 평균수명이 길어져서 제2의 인생을 준비하시는 것은 지혜로우신 일이신 것 같네요. 아주 차분하고 현실적인 감각을 고려한 단계적인 시작을 해야할 시간인 것 같네요. 지금 하시고 있는 일을 순조롭게 잘 마무리 하시고 제2의 인생을 위한 준비를 균형있게 준비하신다면 하실수 있는 능력도 있으시고 금전적으로도 여유롭게 사실 수 있으실 것 같습니다.

〈 조언 & 코칭 〉

항상 균형과 조화가 제일 중요하시다는 것을 잊지 마시고 제2의 인생이시니 너무 돈버시는 데 중점을 두시지 마시고 즐기시면서 준비하시면 좋은 결과가 있을 것 같습니다.

(1) 켈틱크로스 배열법 ③

♣ 전문상담 : 김윤하 공저 & 트레이너 ♣

〈사례77〉 몇 년 후, 제가 퇴직을 한 후 제2의 인생을 고민하고 있습니다. 그래서, 그나마 유용할 수 있다고 판단되는 공인중개사 자격증을 딸까 하는데 어떻게 될까요? (40대 후반 남성)

〈 전문 상담 〉

퇴직 이후를 준비하려면 큰 노력과 용기가 필요한데, 실행하기도 전에 걱정이 앞서고 있군요. 경제적 상황은 점점 어려워진다고 하므로 퇴직 후 마냥 쉴 수만은 없는 상황이라 불안한 마음이 올라오는 것입니다.

당신은 지금 고민하는 바를 다른 사람에게 보이고 싶지 않군요. 자신이 계획하고 있는 일을 실행하기에 주변 여건이 받쳐주지 못하고 있다고 보고 있고요. 하지만 근본적인 불안의 원인은 몇십 년 놓고 있던 공부를 다시 하기에 자신감이 부족에 있는 것 같네요.

당신은 자신을 공인중개사 자격증을 취득하여 당신의 창조적 에너지의 분출하고 싶어 하네요. 주변 사람들은 생소한 분야에 경험이 없는 사회초년생으로 당신을 봅니다. 물론 객관적으로 시험을 통과해야 가능한 일이지만, 자신 있고 여유 있어 보이는 당신의 자세에서 시험을 앞두고 자신감이 넘치는 사람으로 생각합니다.

당신은 중단된 공부를 무리 없이 다시 이어가기를 기대합니다. 하지만, 공인중개사 자격을 취득하고도 새로운 고민을 시작할 것입니다.

〈 조언 & 코칭 〉

공인중개사 준비가 미래가 미래를 보장하는 안전장치가 아님을 뒤늦게 깨달을 수 있다. 하지만 실망할 필요는 없습니다. 미래를 위해 고민하고 준비하는 시간이 있었다는 것도 의미가 있습니다. 지금은 준비가 필요한 시기입니다. 기대에 벗어난 결과를 얻는다고 실망할 필요는 없습니다. 다시 한 발 내딛으려고 노력하는 것만으로도 충분합니다.

🎀 실전 상담 연습 🎀

(1) 켈틱크로스 배열법 ④

♣ 전문상담 : 김정숙 공저 & 트레이너 ♣

〈사례78〉 몇 년 후, 제가 퇴직을 한 후 제2의 인생을 고민하고 있습니다. 그래서, 그나마 유용할 수 있다고 판단되는 공인중개사 자격증을 딸까 하는데 어떻게 될까요? (40대 후반 남성)

〈 전문 상담 〉

퇴직 후의 삶을 생각하면서, 유용하다고 여겨지는 자격증을 미리 따 두는 것에 대해 고민하고 계시네요. 물질적 성취의 가능성과 본인이 원하는 바를 두루 고민한 끝에 심사숙고하여 세운 좋은 계획이지만 아직은 생각에 머물러 있는 단계군요. 하지만 점차 자연스러운 인생의 흐름속에서 지적인 능력을 발휘하며 잘 준비해 나가실 것으로 보입니다. 내담자분은 솔직하고 여러 사람과 두루 원만한 관계를 맺는 스타일로 긍정적인 마인드를 가지고 계시니 이직에 대한 두려움을 잠시 내려놓고 차근차근 준비를 해 나간다면 안정된 현실을 계속적으로 유지해 나갈 수 있는 만족스러운 결과를 얻게 되실 것입니다.

〈 조언 & 코칭 〉

아직은 생각에 머물러 있는 정체기이지만 본인 자신과 현실적인 여건을 두루 따져 보고 내린 창조적인 계획으로 보입니다. 본인의 강점인 따뜻함과 긍정적인 마인드로 스스로에게 리더십을 발휘하면서 준비를 해 나간다면 만족스럽고 안정적인 결과를 얻으실 수 있을 것입니다.

(1) 켈틱크로스 배열법 ⑤

♣ 전문상담 : 고선희 공저 & 트레이너 ♣

〈사례79〉 몇 년 후, 제가 퇴직을 한 후 제2의 인생을 고민하고 있습니다. 그래서, 그나마 유용할 수 있다고 판단되는 공인중개사 자격증을 딸까 하는데 어떻게 될까요? (40대 후반 남성)

〈 전문 상담 〉

현재 퇴직 후의 안정된 삶을 생각하여 실용성 있는 공인중개사 준비라는 선택의 상황에 있으시네요, 현실적 안정만을 생각하며 다소 급하게 추진하고 계시는 것이 문제로 보입니다.

과거 여유로움을 느낄 수 있는 인정받는 자리에 있으셨으나 관계의 소통이 잘 이루어지지 않아 다소 외로움을 느끼는 상황에 계셨군요.

이에 지금의 위치보다는 낮을 수 있지만 새로운 시작을 준비하고 있고 충분히 완성을 이룰 수 있는 능력을 가지셨습니다.

다가올 가까운 미래에 지금의 안정과 타성에서 벗어나기 위한 노력을 하실 것입니다.

공인중개사 준비에 대해 내담자는 새로운 분야에 대해서도 인정받고자 하며 충분히 해낼 수 있다고 생각하고 계시고, 주변에서는 내담자가 마음이나 감정을 드러내 함께 나누고 도움이 필요한 것이 있으면 알려주었으면 하고 생각하고 있습니다.

내담자는 새로운 일에 대해 충분한 능력을 발휘하여 안정과 성공을 희망하고 있으며 결과적으로는 아주 큰 성공은 아니지만 수입과 지출의 조화가 이뤄질 정도의 결과를 보실 수 있을 것입니다.

〈 조언 & 코칭 〉

공인중개사 도전에 있어 내담자는 충분히 이뤄낼 수 있는 능력을 가진 분입니다.

그러나 큰 성공을 위해서는 지나친 현실적 성공이나 성과를 추구하기 보다는 주변과의 충분한 소통을 통해 내담자에 대한 믿음과 안정감을 보여준다면 더 큰 행복을 맛보실 수 있을 것입니다.

실전 상담 연습

(1) 켈틱크로스 배열법 ⑥

♣ 전문상담 : 이명희 공저 & 트레이너 ♣

〈사례80〉 몇 년 후, 제가 퇴직을 한 후 제2의 인생을 고민하고 있습니다. 그래서, 그나마 유용할 수 있다고 판단되는 공인중개사 자격증을 딸까 하는데 어떻게 될까요? (40대 후반 남성)

〈 전문 상담 〉

퇴직 후 제2의 인생에 대한 고민이 상당히 깊으시군요. 내담자께서는 새로운 일에 도전하시는 것을 좋아하시며 적극적인 열정도 있어 보입니다. 과거에 희망을 가지고 열정적으로 도전했으나 뜻을 이루지 못했던 경험으로 인해 조심스럽고 불안한 마음을 가질 수 있으나 원하시는 공인중개사 자격 획득은 퇴직 후 내담자에게 경제적으로 도움이 되는 결정으로 보입니다. 잘해낼 수 있을까 염려도 되시겠지만, 한번 목표를 세우면 반드시 이루시는 열정과 집념이 있으신 분이라 주변에서도 믿고 응원할 것입니다. 과한 욕심이나 지나친 성과만을 기대하지는 마시고 건강과 현재의 일 사이에 조화롭게 균형을 이루며 도전하면 새로운 목표를 달성하시겠습니다.

〈 조언 & 코칭 〉

지나친 욕망과 욕구는 인간을 무너뜨리게 됩니다. 조화와 균형의 과정을 거쳐 좋은 성과 얻으시기 바랍니다. 목표를 향한 도전과 열정은 나이와 상관이 없습니다.

❖ 실전 상담 연습 ❖

(1) 켈틱크로스 배열법 ⑦

♣ 전문상담 : 이주연 공저 & 트레이너 ♣

〈사례81〉 몇 년 후, 제가 퇴직을 한 후 제2의 인생을 고민하고 있습니다. 그래서, 그나마 유용할 수 있다고 판단되는 공인중개사 자격증을 딸까 하는데 어떻게 될까요? (40대 후반 남성)

〈 전문 상담 〉

현재 퇴직후에 있을 불투명한 미래에 대하여 불안하고 계시는 가운데, 유용할 수 있다고 되는 공인중개사 자격등을 따야겠다는 생각을 가지셨군요. 미래에 대해 불안한 마음을 가지고 계신 것처럼 보이지만 마음안에는 새로운 시작에 대한 희망과 기대가 많이 자리잡고 있네요. 무엇이든 소신을 가지고 꾸준히 준비하시는 스타일로 충실한 자기노력과 준비로 공인중개사 자격증을 따서 새로운 출발을 통해 성취감을 느끼시게 되실 것 같아요. 주변에서는 고민하고 계시는 상황에 대해 크게 도움이 못되고 있는 것 같네요. 주변의 소리에 집중하지 마시고 현재 준비하시면서 '분명히 잘 진행될 것이고, 공인중개사 자격증을 딸 수 있다'라는 본인의 생각에 집중하시면 좋을 것 같네요. (본인의 의지가 중요한 문제인 것 같아요.)

〈 조언 & 코칭 〉

새로운 것을 시도하고 계획하는 것은 항상 어렵고 힘이 듭니다. 하지만 어렵고 힘이 든다는 생각을 조금 내려놓고 자신의 마음에 집중해 보세요. 제 2의 인생을 위해 무언가를 시작하겠다고 다짐한 첫마음으로 돌아가 끝까지 진행해보세요. 분명, 본인에게는 새로운 시작을 진행하고 해낼 수 있는 힘이 있어요. 끝까지 집중하여 이룰수 있도록 힘을 내보세요.

실전 상담 연습

(1) 켈틱크로스 배열법 ⑧

♣ 전문상담 : 이정숙 공저 & 트레이너 ♣

〈사례82〉 몇 년 후, 제가 퇴직을 한 후 제2의 인생을 고민하고 있습니다. 그래서, 그나마 유용할 수 있다고 판단되는 공인중개사 자격증을 딸까 하는데 어떻게 될까요? (40대 후반 남성)

〈 전문 상담 〉

40대의 나이에 은퇴 후를 걱정하고 공인중개사 준비를 시작하시려는 것을 보면 현재 자신의 삶에 대한 성찰과 지혜가 있는 분이십니다. 무엇보다 책임감이 강하고 의지를 세우고 열정을 마음속에 품고 있으며, 현실에 대한 균형감도 있어 상황적인 안정을 꾀하는 분입니다. 과거에 현실적인 계획을 세우고 능력을 발휘하기 위해 노력하셨지만 성과가 바로 보이는 것이 아니어서 이것을 시작해도 되나 싶은 의구심이 들고, 마음 속 갈등이 있을 수 있습니다. 그러나 내담자분은 책임감이 강한 분이시고, 지인들도 당신이 의지가 강하고 목표의식이 확고하다고 생각하고 있으니, 의지에 맞는 행동력으로 추진하신다면 지금과 같은 정체된 생각들, 마음 속 갈등상황에 터닝 포인트가 될 수 있습니다.

〈 조언 & 코칭 〉

메이저 카드가 10장 중 4장이 나왔고, 마이너 카드로는 완드와 펜타클이 많이 나왔습니다. 이는 내담자의 의지와 열정, 잠재력(완드 요소)이 강하고, 물적 토대를 위한 준비(펜타클 요소)부분을 강조하여 상담할 필요가 있습니다.

실전 상담 연습

(1) 켈틱크로스 배열법 ⑨

♣ 전문상담 : 장영숙 공저 & 트레이너 ♣

〈사례83〉 몇 년 후, 제가 퇴직을 한 후 제2의 인생을 고민하고 있습니다. 그래서, 그나마 유용할 수 있다고 판단되는 공인중개사 자격증을 딸까 하는데 어떻게 될까요? (40대 후반 남성)

〈 전문 상담 〉

현재 인생 이모작을 꿈꾸시고 계시네요. 퇴직후의 삶을 고민하지 않는 사람은 없겠지요. 조금 막연하게 고민이 시작되신 거 같아요. 공인중개사라는 직업이 그렇게 쉬운 자격증이 아니기 때문에 한번 따보면 어떨까 하고 가볍게 접근하시면 몇 번의 도전을 다시 해야 하실 수도 있습니다. 하지만 주변분들이 보셨을 때 선생님은 충분히 자격증을 따실 수 있는 능력과 재능을 가진분으로 보시고 있으며 가능성도 충분하기 때문에 완전히 새로운 직업을 가지기 위해 새로 태어난다는 기분으로 임하신다면 시간이 걸리더라도 좋은 결과를 얻으실 수 있을 것입니다.

〈 조언 & 코칭 〉

막연한 호기심과 재미로 접근하기보다 구체적인 전략과 계획을 잘 짜서 준비하면 가능성은 있다고 봅니다. 결과에 무명씨(죽음카드)가 나온 것을 보면 기존의 것을 접고 다시 시작한다는 것으로 보이며 땅을 갈고 있는 이미지에서 부동산의 이미지도 떠올릴 수 있습니다.

4. 고급 배열법 - (2) 하우스 배열법

실전 상담 연습

(2) 하우스 배열법 ①

♣ 전문상담 : 김현식 공저 & 트레이너 ♣

〈사례84〉 저의 철학적인 부분은 무엇인지? 나의 배우자는 어떤 사람인지? 그리고 건강 부분까지 인생 전반이 궁금합니다. (30대 초반 남성)

〈 전문 상담 〉

내담자분은 자신의 계획으로 안정된 수입과 미래가 보장된 아이템을 가지고 살아가시는 분이며 본인이 생각하는 괜찮은 여자분을 만나서 좋은 관계를 유지하며 감정이 풍부한 사람을 만나 감정적 교류를 나누며 사실 듯 보여집니다. 첫눈에 반하거나 친구로 지내다가 사랑으로 변하는 사람을 만날 수도 있겠습니다. 건강적인 면도 크게 걱정하지 않으셔도 되며 삶이 흐르는 대로 사시면 될 것 같습니다. 내담자 분의 성격은 감성과 이성을 같이 활용할 수 있는 지혜롭고 용기 있는 성격으로 유연성을 가지고 생활하신다면 전반적으로 균형을 맞춰 가며 살아가는 형태입니다.

〈 조언 & 코칭 〉

다만 사회생활을 할 때 자기주장이 강하여 매우 개인적으로 흐를 수 있어, 고독 할 수 있으니 주의하시기 바랍니다.

(2) 하우스 배열법 ②

♣ 전문상담 : 강미정 공저 & 트레이너 ♣

〈사례85〉 저의 철학적인 부분은 무엇인지? 나의 배우자는 어떤 사람인지? 그리고 건강 부분까지 인생 전반이 궁금합니다. (30대 초반 남성)

〈 전문 상담 〉

♣ 내담자분은 내성적인 성격을 가지고 계시지만 내면의 힘이 강한 사람입니다. 여성적인 외모를 가지고 계시고 매우 차분한 성격으로 자신의 생각을 잘 표현하지 않으시군요.

♣ 재산을 불릴 수 있는 기회가 온다면 노력한 만큼 결실을 얻으실 수 있을 것 같고 항상 어떤 일을 도모할 때는 주변사람들과의 화합을 이끌어내는 것이 중요합니다. 자존감이 강하신 분이라서 너무 자존심만 내세우면 어려움에 봉착할 수 있으니 주변사람과의 관계에 주의를 기울이면서 자신감을 가지고 일해야 합니다.

♣ 사람과의 관계를 형성할 때는 소극적으로 자신의 생각속에 갇히는 것을 주의하고 서로간의 감정 및 교류가 단절되지 않도록 노력해야 합니다. 자신의 생각속에 갇혀서 점점 더 의사소통에 어려움이 생길 수 있습니다.

♣ 여러 가지 생각이 많아서 산만해질 수 있고 그로 인해서 두통이나 비염 때문에 힘들어 질수 있습니다.

♣ 지금 사귀고 있는 사람이 있다면 결혼까지 잘 연결될 것 같습니다. 낭만적이고 열정적이고 감정적인 사랑에 민감한 사람이므로 외부적인 조건보다는 정신적인 공감을 나눌 수 있는 상대가 좋겠습니다.

♣ 선택을 잘못해서 고민이 되는 경우가 많을듯합니다. 선택에 있어서는 우유부단함을 보여서 주변을 답답하게 할 수 있습니다. 여러 곳에 걸쳐있기보다는 한곳에 집중하는 편이 좋은 선택이 될 것입니다.

♣ 정신적으로 균형이 잡힌 상태이고 모든 문제에 있어 어느 한 쪽으로 지우치기보다는 협조하고 적응하려고 노력하는 잠재력을 가지고 있습니다.

♣ 사회적으로 활동적이고 변화하려는 의지가 많아 발전하고 상승하려는 에너지를 많이 가지고 있으십니다.

♣ 친구들 사이에서 애늙이라는 느낌을 많이 주며 보수적인 성향을 가지고 있으십니다. 사고의 유연성이나 행동적인 면에서는 민첩성은 좀 부족하지만 친구들 사이에 조언자로서의 역할을 할 수 있으신 분입니다.

♣ 뼈나 관절부분의 질병에 조심하고 자신의 행동이나 감정에 완급을 조절

하는 부분에 신경을 쓰도록 합니다.

〈조언 &코칭〉

당신은 외유내강의 특성을 가지신 분입니다. 자신은 이성적이고 합리적이라고 생각하는 결정이나 문제 해결방식이 타인과의 소통에 걸림돌이 될 수 있습니다. 유연한 사고와 여유있는 행동이 중요합니다. 세상의 모든 일이 자신이 가지고 있는 기준과 판단기준에 의해 정돈되는 일은 별로 없습니다. 주변과의 소통에 좀 더 신경을 쓰시고 더 큰 성장을 위해 한 걸음 물러서는 지혜도 필요합니다. 무슨 일이든 자신이 다 해결해야 한다는 생각이나 완벽하게 마무리지어야한다는 생각보다는 시간의 힘을 믿고 묵묵히 기다리는 지혜도 필요합니다.

실전 상담 연습

(2) 하우스 배열법 ③

♣ 전문상담 : 김윤하 공저 & 트레이너 ♣

〈사례86〉 저의 철학적인 부분은 무엇인지? 나의 배우자는 어떤 사람인지? 그리고 건강 부분까지 인생 전반이 궁금합니다. (30대 초반 남성)

〈 전문 상담 〉

당신은 늘 자신을 객관적으로 보려는 사람입니다. 따라서 자기의 생각과 행동의 한계를 잘 압니다. 현실에서 부딪치는 어려움을 해결하려고 노력하기에 다양한 생각과 독특한 행동을 보이기도 하고요.

다른 사람과 의견을 나누는 일을 좋아하고 즐거워하므로 자연스럽게 소통하는 능력이 뛰어납니다. 특히 가족과 함께 하는 일을 좋아하시네요. 어려서 아버지의 모습을 보고 영향을 많이 받은 것 같습니다.

세심한 것에 집중을 잘하고 신경이 날카로운 편이군요. 또한, 다양한 분야에 호기심을 보이고 관심을 끌 수 있는 일을 좋아합니다. 따라서 생각을 많이 하여 걱정이 많아질 때 건강을 해치기 쉽습니다. 하지만 나름대로 지식에 근거해 건강관리를 잘하는 편입니다.

예측하기 어렵게 행동하기 때문에 연애할 때 상대가 불안을 느끼기 쉽습니다. 다행히 당신의 부족한 부분을 메워줄 배우자를 만나는 행운이 따릅니다. 하지만 당신은 자기중심적 성향이 강해 배우자의 노고를 생각지 않아 불화가 발생하기 쉽습니다.

지적인 탐구로 다른 사람을 설득하는 언어능력이 뛰어나군요. 따라서 독특하고 독립적인 일이 잘 어울립니다. 당신은 물질적 성취를 이룬 후에는 당신이 잘하고 좋아하는 일을 시작할 것입니다. 다른 사람의 내면을 잘 이해하고 수용적이기 때문에 사회적약자에 관심을 두는 일을 가치있게 생각합니다. 또한, 공익을 먼저 생각하므로 사회적으로 인정 받습니다. 하지만 너무나 많은 에너지를 쏟아부어 힘들어하는 상황이 올 수도 있습니다.

〈 조언 & 코칭 〉

당신은 한 걸음 떨어져서 자신을 바라볼 줄 아는 사람입니다. 따라서 자신의 부족하거나 미흡한 점을 찾아 보완하려 노력하는 사람으로 살아갑니다. 하지만 당신의 자기중심적인 태도가 사람들에게 오해를 불러올 수 있습니다. 항상 당신 혼자만이 아니라는 생각으로 주변 사람에게 고마움을 표현하십시오. 그리하면 당신 옆에서 늘 힘이 되어줄 배우자도 만날 것입니다.

(2) 하우스 배열법 ④

♣ 전문상담 : 김정숙 공저 & 트레이너 ♣

〈사례87〉 저의 철학적인 부분은 무엇인지? 나의 배우자는 어떤 사람인지? 그리고 건강 부분까지 인생 전반이 궁금합니다. (30대 초반 남성)

〈 전문 상담 〉

본인의 몸과 마음, 그리고 가족관계에까지 두루 마음을 두고 계시군요. 내담자님은 조화를 중시하는 사람입니다. 사랑, 가족, 팀워크. 정으로 이루어지는 모든 관계들 속에서 열린 마음으로 서로 교류하며 매끄럽게 연결되는 것에 큰 의미를 두고 있지요. 그래서 가족들과도 자신의 능력을 발휘해 현실적으로 교류하며 안정적인 관계를 이어갑니다. 배우자 분은 순수하고 열정적인 분이신데 그 분과도 잘 소통하면서 도움을 주고 챙겨줍니다. 다만 건강에는 조금 주의하실 필요가 있겠네요. 내담자분은 사실 인간관계든 건강이든 굉장히 조화롭고 만족스럽게 잘 이어오고 있지만 뭔가 예상치 못한 한계나 어려움, 단절이 있어 보여요. 안 좋았던 관계나 소통의 어려움 등에 매이지 마시고 늘 조화로운 관계를 이어가기 위해 노력하신다면 몸도 마음도 건강한 상태를 유지하실 수 있으실 겁니다.

〈 조언 & 코칭 〉

전반적으로 조화를 추구하고 중시하는 내담자님은 실제 관계속에서도 이를 잘 실현해 가고 있으신 듯합니다. 때로 조화로운 관계들이 깨지거나 어려움이 있어도 그것에 걸려 넘어지지 않고 그것을 넘어서는 승화된 관계를 만들기 위해 노력하신다면 몸도 마음도 늘 건강한 삶을 이어가게 될 것입니다.

실전 상담 연습

(2) 하우스 배열법 ⑤

♣ 전문상담 : 고선희 공저 & 트레이너 ♣

〈사례88〉 저의 철학적인 부분은 무엇인지? 나의 배우자는 어떤 사람인지? 그리고 건강 부분까지 인생 전반이 궁금합니다. (30대 초반 남성)

〈 전문 상담 〉

내담자분은 고민과 갈등이 많은 분이시네요. 갈등상황에 얽매여 있지 마시고 사고를 유연하게 하실 필요가 있습니다. 경제적으로 어느 정도 안정적 상황이며, 직업적으로도 창의력과 잠재능력이 풍부하여 큰 성공을 거둘 수 있는 밑거름을 가지고 계십니다. 새로운 지식을 습득하기를 좋아하고, 지적 완성을 위해 꾸준히 연구하여 점점 더 큰 발전을 향해 나아가고 계시네요. 철학적 가치관으로 현실관계의 균형과 조화를 위해서는 인내와 기다림을 가지고 노력함이 필요하다는 가치관을 가지고 생활하시네요.

가정적으로 모성애가 강하고 수용적인 가정환경, 특히 어머니의 보살핌 속에서 성장하셨고, 배우자도 순종적이며 내조를 잘하는 분입니다. 그렇지만 배우자의 내조 속에는 인내와 희생이 함께 있을 수 있습니다. 차분하지 못하고 성급한 부분이 있어 낙상이나 교통사고 등 사고로 인한 건강상 문제가 발생할 수 있으니 주의가 필요합니다.

주변이나 친구관계에 있어 다소 현실적 관계 속에서 시작하는 경우가 많으며, 새로운 관계의 시작에서 나를 중심으로 한 관계를 중요시하는 것이 고독이나 고립을 초래하는 장애로 작용할 수 있으니 배려하고 수용하는 마음으로 시작하는 것이 도움이 될 수 있습니다.

〈 조언 & 코칭 〉

내담자분은 현실관계의 균형과 조화를 위해서 인내와 기다림을 가지고 노력함이 필요하다는 철학적 가치관을 가지고 생활하지만 외부로 비춰지는 모습으로는 고민과 갈등상황에서 쉽게 결정을 내리지 못하는 것으로 보이기도 합니다. 오랫동안 혼자 고민하기 보다는 주변과의 교류 속에서 유연한 사고를 통해 해결해 가는 것도 도움이 될 것입니다.

건강상 다소 차분하지 못하고 성급한 경향으로 낙상이나 교통사고 등 사고로 인한 건강상 문제가 발생할 수 있으니 주변을 살피고 차분하게 돌아보는 주의가 필요합니다.

궁금해 하신 배우자는 순종적이고 가정 내 평화를 위해서 내조를 잘하는 분입니다. 그렇지만 배우자의 내조 속에는 스스로 포기하는 희생과 인내가 있음을 명심하셔야 합니다. 내담자분도 배우자의 희생을 당연한 것으로 여기지 마시고 배우자를 이해하며 배려해 주며 아껴준다면 행복한 가정생활을 꾸려 나갈 수 있을 것입니다.

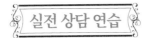

실전 상담 연습

(2) 하우스 배열법 ⑥

♣ 전문상담 : 이명희 공저 & 트레이너 ♣

〈사례89〉 저의 철학적인 부분은 무엇인지? 나의 배우자는 어떤 사람인지? 그리고 건강 부분까지 인생 전반이 궁금합니다. (30대 초반 남성)

〈 전문 상담 〉

내담자께서는 매사에 긍정적이고 낙천적인 성품을 지녔으며 열정적인 에너지가 많으신 분입니다. 외적으로 향하고 있는 에너지를 자신의 내면세계에 대한 깊은 성찰을 통해 지혜를 쌓으시면 조화로운 자신의 철학관을 갖추는데 도움이 될 것입니다.

삶의 전반을 함께 하시는 배우자께서는 매력적이고 침착한 성품을 가졌으며 갈등상황이 일어나지 않도록 매사를 공평하게 대하려 지혜롭게 노력하는 분으로 내담자의 삶에서 놓칠 수 있는 부분을 잘 채워주실 수 있는 분입니다.

내담자께서는 평소 청결함과 영양, 운동 등 건강에 관해서는 지나치다고 할 정도로 관심이 높고 관리를 잘합니다. 그러나 책임감이 강한 성격으로 인해 정신적 긴장 상태를 자주 경험하게 되고 이로 인해 신경증적인 병에 걸릴까 염려됩니다. 너무 세부적인 부분까지 신경 쓰며 신중한 경우가 많습니다.

〈 조언 & 코칭 〉

자신이 가지고 있지 않은 성향이나 반대되는 성향을 찾아내 개발하려 노력하면 균형 잡힌 흐름의 인생을 살 수 있습니다. 특히 건강과 관련한 지나친 염려 등은 오히려 해가 될 수 있으니 조금 더 내려놓음에 대한 실천이 필요해 보입니다.

실전 상담 연습

(2) 하우스 배열법 ⑦

♣ 전문상담 : 이주연 공저 & 트레이너 ♣

〈사례90〉 저의 철학적인 부분은 무엇인지? 나의 배우자는 어떤 사람인지? 그리고 건강 부분까지 인생 전반이 궁금합니다. (30대 초반 남성)

〈 전문 상담 〉

전반적으로 본인에 대하여 궁금하신 것 같네요. 지속적으로 무엇이든 준비하고 계획을 세우며 에너지가 많고 열정적이며 자신감이 있으신 분으로 희망을 갖고 사시는 분이시군요. 하지만 그러한 에너지와 열정이 다소 주변 사람들에게 부담으로 다가올 수도 있고, 강한 자기 표현이 주변 사람들을 멀어지게 할 수도 있을 것 같아요. 특히, 가족에게는 항상 당당하고 권위적인 사람으로 보일 수 있어요. 하지만 당당하고 열정적인 모습들이 안정적인 상황을 만들어주는 면도 있기 때문에 크게 걱정하지 않으셔도 될 것 같아요. 자기표현을 적당한 선에서 하고 다른 사람들의 이야기를 들어준다면 좋은 배우자도 분명 만나실 수 있을 것 같아요. 내담자 본인이 항상 에너지를 가지고 계시고 새로운 것에 부담을 많이 가지지 않으시기 때문에 본인의 에너지를 가지고 항상 새로운 시작을 꿈꾸시는 듯 싶어요. 하지만 새로운 시작에 대한 두려움이 있으신 것에 비하여 건강에 대해서는 염려하는 마음이 있으신 것 같아 보여요. 특히 건강에 대해 항상 신중하고, 조심스러운 마음을 가지고 계신 것 같네요. 나이가 들면 많이 쓴 장기들은 조금씩 상태가 나빠지는 것이 자연스러운 것임을 받아들이시는 생각을 조금씩 해보시는 것이 좋은 것 같아요.

〈 조언 & 코칭 〉

전체적으로 보면 모든 상황에서 많은 불안을 느끼시고 계신 것 같아요. 사람과의 관계나, 일적인 부분에서도 말이에요. 하지만 내담자분은 본인이 생각하시는 것보다 능력도 많고 에너지도 많고 열정적인 분이세요. 그렇기 때문에 일과 사람과의 관계에서 상대방을 기다려주고, 상황을 기다리는 일을 잊지않고 이어간다면 일과 사람과의 관계 모두 분명 불안함이 덜해지실 수 있을실거에요. 조바심과 걱정은 결국 일을 그르치게 할 수 있어요. 본인의 능력을 믿고 나아가시되 주변을 항상 살펴보고 판단하시는 습관을 만들도록 노력하시기를 바래요.

실전 상담 연습

(2) 하우스 배열법 ⑧

♣ 전문상담 : 이정숙 공저 & 트레이너 ♣

〈사례91〉 저의 철학적인 부분은 무엇인지? 나의 배우자는 어떤 사람인지? 그리고 건강 부분까지 인생 전반이 궁금합니다. (30대 초반 남성)

⟨ 전문 상담 ⟩

내담자께서는 자신을 직관과 잠재의식이 발달하고 감수성이 풍부하다고 생각하고 있는 분입니다. 자신의 부와 가치관과 관련하여 아직은 다소 갈등하면서도 일시적인 균형을 이루고 있습니다. 소통이나 친구에 대해 다소 현실적이나, 물질적인 여유를 가진 헌신적인 분입니다. 가족과의 관계는 늘 소통을 게을리 하지 않지만 늘 못 다한 마음이 있다고 생각하십니다. 그러나 어느 한 쪽 편으로 치지 않도록 주의할 필요가 있습니다. 평소 연애상대를 두고 고민하기도 하지만, 갈등의 상황일 때 문제 상황에 대처하는 일들이 안정감이 있습니다. 건강은 꽤 괜찮은, 이상적으로 좋고, 결혼에 대해서는 아직 뚜렷한 계획은 없습니다. 내담자의 사후에 갖고 있는 재산을 균형적으로 배분할 수 있는 배포가 있고, 정신세계는 감정적인 안정감을 갖고 있으나 이따금 정체기가 찾아오기도 합니다. 직업적인 면에서는 긍정적인 변화가 예상되며 친구와의 우정이 매우 끈끈해서 만족감을 느낍니다. 내담자는 잠재력과 자신감이 풍부하나 다소 수용적 이다보니 자신의 모습을 적극적으로 표현하는 것이 서툴 수 있다는 점이 삶의 어려움으로 작용할 수 있습니다.

⟨ 조언 & 코칭 ⟩

하우스 배열법은 자신의 가치관, 부모의 영향 및 앞으로의 파트너와의 관계, 뿐만 아니라 건강 및 철학, 종교 등에 대한 다각도의 자료를 알고 싶을 때 유효한 배열법입니다.

(2) 하우스 배열법 ⑨

♣ 전문상담 : 장영숙 공저 & 트레이너 ♣

〈사례92〉 저의 철학적인 부분은 무엇인지? 나의 배우자는 어떤 사람인지? 그리고 건강 부분까지 인생 전반이 궁금합니다. (30대 초반 남성)

〈 전문 상담 〉

내담자 분은 순수하고 성실하신 분입니다. 처음부터 욕심을 내지 않고 작은것들을 조금씩 쌓아 내 것으로 만들어내려고 하는 경향이 있습니다. 금전적인 부분에서는 조금 조심해야 할 것이 예기치 못한 변수가 있을 수 있으니 투자를 할 경우 조금 신중하셔야 할것으로 보입니다. 배우자 분은 내담자 분과 다른 성향으로 사고가 빠르고 논리적이며 지성적인 분이십니다. 내담자분의 차분하고 보수적인 부분을 보완해 줄 수 있는 지적인 분이시네요. 다만 서로의 다른 성향 때문에 의사소통에 어려움이 있을 수도 있으니 소통을 잘 할 수 있는 노력이 필요해 보입니다. 내담자 분은 말을 하지 않고 뒤로 물러나 있거나 생각들을 잘 교류하지 않아 배우자 분이 조금은 답답해 하실수도 있습니다. 또 자신이 좋아하는 취미생활을 찾아 즐기는것도 좋아하며 자제분은 주관이 뚜렷하고 능력이 있을 것 같네요. 일적인 면에서 보면 창의적이거나 자유로운 직장, 프리랜서, 움직임이 많은 영업직등이 맞을 것 같습니다. 어떤 조직에 들어가는것보다 자기 혼자서 하는 일이 맞을것으로 보입니다. 건강면에서는 스트레스 관리를 잘 하셔야 하는데 심장쪽으로 문제가 생길 수 있으니 늘 그 부분을 염두에 두셔야 할것으로 보입니다. 철학적인 부분은 자신의 힘과 능력을 인정받아서 자기만의 영역을 가지는것에 관심이 많아 보입니다. 물질적인것과 권력에 대한 가치를 높이 생각하시는 분 같습니다.

〈 조언 & 코칭 〉

기본적으로 성실하시고 인생에 대한 목표도 정확하신 분이시네요. 스트레스 관리를 통해 건강관리만 잘 하면 전반적으로 큰 어려움 없이 평탄한 삶을 사실 것 같습니다. 배우자나 가족들간의 화합과 소통이 잘 되도록 따뜻한 분위기를 만들어 가정에 충실한 것도 삶을 성공적으로 이끄는 중요한 요소입니다.

4. 고급 배열법 - (3) 생명의 나무 배열법

(3) 생명의 나무 배열법 ①

♣ 전문상담 : 김현식 공저 & 트레이너 ♣

〈사례93〉 저의 인생, 삶의 궁극적인 이상은 무엇인지? 또, 그것을 달성하기 위해 유의할 점은 무엇인지? 삶이 어떤 결과로 나아갈지 인생 전반이 궁금합니다. (30대 후반 여성)

〈 전문 상담 〉

내담자가 꿈꾸는 삶의 궁극적인 이상은 자신의 사업 아이템을 가지고 계획을 잘하여 그것으로 수입을 창출하며 살겠다는 생각을 가지고 있습니다. 경제력을 키우기 위해서는 모험과 노력이 필요한데 큰 변화를 두려워 하시는거 같습니다. 실용적이고 현실적인 것을 준비하여 자신이 할 수 있는 아이템을 잡아 능력을 발휘하시기 바랍니다. 너무 감정에 휘둘리는 것만 주의하시면 될 것 같습니다. 서비스, 예술 계통 쪽에서 성공할 확률이 있고 현실적으로 경제적 안정을 이루어 만족한 삶에 따라서 현실적으로 다른 사람에게 힘이 되어주는 만족감을 가지고 살수 있을 것 같습니다.

〈 조언 & 코칭 〉

내담자분은 행동에 있어서 너무 감정에 따라 행동 할 수 있는 경향이 있습니다. 다른 사람과 소통을 잘 할 수 있도록 노력하면서 자신의 욕심만을 요구하지 않는다면 대체로 만족한 삶을 살아가는 형태라 보여집니다.

실전 상담 연습

(3) 생명의 나무 배열법 ②

♣ 전문상담 : 강미정 공저 & 트레이너 ♣

〈사례94〉 저의 인생, 삶의 궁극적인 이상은 무엇인지? 또, 그것을 달성하기 위해 유의할 점은 무엇인지? 삶이 어떤 결과로 나아갈지 인생 전반이 궁금합니다. (30대 후반 여성)

〈 전문 상담 〉

당신의 궁극적인 이상은 협조, 균형을 담은 대칭을 담은 잠재력입니다. 현실적인 경험과 물질적 재력을 풍부하게 가지고 있으나 그것을 감추고 자신이 진심으로 탐구해야할 것에 집중하는 지혜를 가지고 있습니다. 당신은 행동이나 유연성은 민첩하지 않지만 오랜 경험과 깊은 생각, 여유로움으로 인해 항상 최선의 방법을 찾아내는 장점을 가지고 있습니다. 하지만 당신의 틀에 박힌 사고방식과 보수적인 기질 그리고 고집스러운 면은 창조적인 생각이나 행동을 막습니다. 일을 처리하고 진행 할때는 상황에 대한 정보와 이성적인 판단을 기초로 하여 자신을 전략적으로 자신을 낮추어 주변과 화합합니다. 주변을 돌아보고 남들을 도와줄 때는 세련되지는 않았지만 야성적이고 계산없는 모습으로 도와줍니다. 서로 다른 의견이 있을 때는 불만이나 생각은 많으나 그것을 잘 표현하지 않고 묻어두고 많이 생각하고 행동하므로 비교적 실수가 적고 상대방과 다툼도 적은 편입니다. 매사에 현실적이어서 재물이나 금전에 대한 자신감이 있고 자기 주변에 도움이 많이 되고 인간관계나 애정에 있어 여유롭지만 계산적이어서 인간적인 매력은 다소 떨어집니다. 친구사이에는 서로 격려하고 신뢰하며 솔직한 관계를 유지합니다. 철저하게 준비하고 꾸준히 노력하면 투명하고 명쾌한 해결책이 나오고 목표를 달성할 수 있습니다. 머리회전이 빠르고 눈치가 빠르며 관찰력이 뛰어나 삶의 현실적인 성과를 이루는데 도움이 될 수 있습니다.

〈조언& 코칭〉

당신은 현실적인 기반은 안정되어 있고 인생에서 정말 중요한 것이 무엇인지 잘 알고 있는 지혜로운 사람입니다. 일을 성사시키고자 할 때는 혼자 힘으로 일을 완성하기는 어려우니 주위의 조력자들과 의견을 조율하는 것이 무엇보다 중요합니다. 또한 현실적인 일을 처리할 때도 깊은 생각과 여유로움으로 최선의 결론에 도달하고자 하지만 사고의 유연성을 키울 필요가 있습니다. 자신 내부에 에고가 강하여 허점을 안 보이려고 하고 완벽하게 보이려고 하는 노력들이 인간적인 매력을 떨어뜨릴 수 있습니다. 좀 더 편안하고 여유로운 모습으로 넉넉함을 보여준다면 당신의 매력은 더 상승할 것입니다.

(3) 생명의 나무 배열법 ③

♣ 전문상담 : 김윤하 공저 & 트레이너 ♣

〈사례95〉 저의 인생, 삶의 궁극적인 이상은 무엇인지? 또, 그것을 달성하기 위해 유의할 점은 무엇인지? 삶이 어떤 결과로 나아갈지 인생 전반이 궁금합니다. (30대 후반 여성)

〈 전문 상담 〉

당신은 모두가 필요로 하는 현실적 문제를 해결하는 능력을 발휘하는 삶을 살고자 합니다. 그러기 위해 마음에 맞는 파트너를 만나야 한다고 생각하고요. 하지만 마음에 맞는 사람을 찾기가 쉽지 않습니다. 사람이 모여 함께 일하며 알아갈수록 서로를 잘 이해하기보다는 오해로 감정의 골이 깊어지기 쉽습니다. 그렇다고 너무 실망할 필요는 없습니다. 갈등의 골을 완전히 해결하기는 어려워도 서로의 모습을 받아들이며 함께 할 수 있습니다.

뜻을 모아 목표를 이룬 뒤에 초심을 잃을 수 있습니다. 처음에 품었던 열정이 사라지거나 지나치게 불안한 마음으로 또 다른 목표를 찾아 헤맬 수 있습니다. 그럴 때는 마음의 중심을 잡고 다시 가치있게 여기는 일을 찾아 그 일에 집중하여야 합니다. 또한, 다른 사람의 말에 경청하는 법부터 배워야 합니다. 자신의 가치관을 너무 강조하면, 또다시 화합할 수 없는 상황에 놓일 수 있으니 조심해야 합니다. 행동으로 보여 주어야 합니다. 그리하면 주변 사람들이 당신을 믿고 의지하며 따를 것입니다. 당신이 원하는 방향으로 사람들을 이끌 수 있을 것입니다.

물론 모든 일이 당신 뜻대로 이루어질 수는 없는 것도 있습니다. 이때는 당신이 관계를 맺고 있는 사회란 무엇인지 생각해 보아야 합니다. 이에 관한 근본적인 인식의 전환이 필요하기도 합니다. 사회는 사람들의 관계에서 시작하고 오랜 시간에 걸쳐 만들어집니다. 당신이 옳지 않다거나 합리적이지 않다고 혼자 외친다고 현실을 당장 바꿀 수는 없습니다. 현실의 문제를 해결하려면 상대를 이해해야 합니다. 내가 싫어하는 것은 상대방도 싫어할 것이라는 마음으로 상대를 대할 필요가 있습니다. 상대방과 네가 다르지 않다는 생각으로 자신감도 키우십시오. 그러면 당신은 어떠한 상황에서도 마음의 중심을 잡아 흔들리지 않으며 현실의 문제를 해결하는 능력을 발휘할 수 있을 것입니다.

〈 조언 & 코칭 〉

당신이 가치 있다 여기는 일을 찾으십시오. 그리고 당신의 열정을 다해 그 일에 집중해 보세요. 그리하면 최소한 당신의 선택을 후회하는 일은 없을 것입니다. 후회하지 않는 선택을 할 때 당신은 의미있게 살고 있다고 말할 수 있을 것입니다.

실전 상담 연습

(3) 생명의 나무 배열법 ④

♣ 전문상담 : 김정숙 공저 & 트레이너 ♣

〈사례96〉 저의 인생, 삶의 궁극적인 이상은 무엇인지? 또, 그것을 달성하기 위해 유의할 점은 무엇인지? 삶이 어떤 결과로 나아갈지 인생 전반이 궁금합니다. (30대 후반 여성)

〈 전문 상담 〉

본인 삶의 궁극적인 이상이 무엇인지 고민하고 계시군요. 그것을 달성하기 위해 유의해야 할 점이나 과정도요. 사실 이것은 우리 인생에서 굉장히 중요하고 의미있는 질문입니다. 우리의 삶은 결국 본인의 이상을 이루어가는 과정일테니까요. 내담자님의 경우도 다르지 않습니다. 내담자님이 추구하는 삶의 이상도, 이제 시작 단계인, 아직은 미흡한 모습이지만 본연의 자기 자신을 찾아가고 만들어 가는 과정, 그 자체이기 때문입니다. 좀더 많은 것을 기대하면 기대할수록 더 충실한 자기노력이 필요합니다. 무에서 유를 만들어가는 과정은 준비된 자에게 무한한 가능성 그 자체이지만 그렇지 못한 경우는 임시방편의 상황대처, 그 이상도 이하도 아니니까요. 갈등이 생긴다고 해도 외면하거나 홀로 고립되지 말고 그 관계에 집중해 보세요. 그리고 좀더 자신감을 가지고 도전하고 추진해 보는 것이 중요합니다. 내담자님의 경우에는 자신의 역량을 잘 발휘할 때와 그렇지 못할 때의 편차가 상당히 큰 편입니다. 본인의 본능과 욕심을 조절하면서 정신과 육체의 조화에서 우러나오는 경이로운 힘을 발산해 보세요. 그러면 주위 환경과의 조화속에서 한 단계 한 단계 정신적으로 성숙해가는 자신을 만날 수 있을 것입니다. 물론 이것은 끝이 아니며 한 단계의 성숙, 완성을 이룬 후에는 그 성숙된 힘을 바탕으로 또 다시 새로운 시작, 도전을 하면서 끝없는 자기완성과 뜻을 이루어가게 될 것입니다.

〈 조언 & 코칭 〉

본연의 자신을 찾아가기 위해서는 부단한 노력과 준비, 그리고 자신감에 기반한 도전이 필요합니다. 본능과 욕심을 내려놓고 몸과 마음이 조화를 이룰 때 드러나는 본연의 모습을 만나면서 내담자님은 정신적, 영적으로 성숙해 가게 될 것입니다. 그리고 그 성숙을 바탕으로 또다른 도전을 계속하게 될 거구요. 그 시도와 끝없는, 빛나는 여정에 응원을 보냅니다.

실전 상담 연습

(3) 생명의 나무 배열법 ⑤

♣ 전문상담 : 고선희 공저 & 트레이너 ♣

〈사례97〉 저의 인생, 삶의 궁극적인 이상은 무엇인지? 또, 그것을 달성하기 위해 유의할 점은 무엇인지? 삶이 어떤 결과로 나아갈지 인생 전반이 궁금합니다. (30대 후반 여성)

〈 전문 상담 〉

내담자분은 강한 의지와 추진력으로 삶의 목표 달성을 위해 앞장서 성공을 거두는 것을 삶의 궁극적 이상으로 갖고 계시는 군요.

목표 달성을 위해 난관이나 고난이 생겼을 때 새로운 변화를 추구하여 전화위복의 기회로 삼는 지혜로움을 실현하고자 하나 현실적으로 시작단계에서만 머무르게 되어 목표달성을 실패하셨군요.

목표달성을 위해서는 감정에 휩쓸리기 보다는 차분하고 현실적인 계획을 세워 추진해야 하며 책임과 노력 없는 변화만을 추구하는 것을 멀리하여야 합니다.

이상과 현실의 조화를 위해서는 행동에 대한 책임감과 열정을 가지고 자신감 있게 앞장서 나아감이 필요합니다.

현재의 현실적, 경제적 안정은 일시적인 것입니다.

강한 의지를 가지고 자신의 의견을 적극적으로 표현하며 다른 사람들과 소통하다보면 목표달성을 위한 기회가 오게 될 것이며 새로운 시작의 행운이 함께하게 될 것입니다.

〈 조언 & 코칭 〉

삶의 목표를 위해 앞장서 나아가고자 하는 이상을 추구하고 계시며 그것을 위해 열심히 뜻을 세우고 고난이나 역경 속에서도 열심히 살아오셨군요.

자신의 의지만을 지나치게 내세우기 보다는 주변을 살펴가며 이상과 현실을 조화롭게 계획하여 책임감과 열정을 가지고 추진하신다면 추구하고자 하는 삶의 목표로 나아가는 희망적 기회가 찾아오게 될 것입니다.

(3) 생명의 나무 배열법 ⑥

♣ 전문상담 : 이명희 공저 & 트레이너 ♣

〈사례98〉 저의 인생, 삶의 궁극적인 이상은 무엇인지? 또, 그것을 달성하기 위해 유의할 점은 무엇인지? 삶이 어떤 결과로 나아갈지 인생 전반이 궁금합니다. (30대 후반 여성)

〈 전문 상담 〉

내담자께선 항상 주위를 돌아보며 이상적인 삶의 실천 방향에 대한 지혜를 구하려 끊임없이 노력하며 고민하고 계신다고 하셨습니다. 하지만 이미 솔직하고 자애로운 성품으로 주변에 긍정적인 에너지를 나누며 영향을 주고 계십니다. 삶의 이상을 실현하기 위해 봉사활동에도 열심히 참여하고 물질적인 베품도 많이 하시는 실천적인 삶을 살고 계신 듯합니다. 늘 처음 시작과 같은 마음으로 어렵고 힘들었던 때도 변함없이 그 뜻을 키워 가신 덕분에 이제는 안정적인 기반 위에서 나눔의 실천을 위한 쉼터를 운영 하시는 꿈을 이루신 것 같습니다. 이는 힘든 이웃을 위해 꿈과 희망이 되어주고자 실천하는 삶을 살아오신 결과로 앞으로도 주위를 돌아보며 어렵고 힘든 이들에게 한 가족처럼 존경받으며 이상을 실천하실 수 있으실 것입니다.

〈 조언 & 코칭 〉

도달하고자 하는 삶의 궁극적 이상은 사람마다 다 다르므로 그 가치는 비교할 수가 없습니다. 이루고자 하는 이상과 그것을 실천하는 삶이 조화를 이루면 그 가치는 더욱 더 밝게 빛날 것입니다.

실전 상담 연습

(3) 생명의 나무 배열법 ⑦

♣ 전문상담 : 이주연 공저 & 트레이너 ♣

〈사례99〉 저의 인생, 삶의 궁극적인 이상은 무엇인지? 또, 그것을 달성하기 위해 유의할 점은 무엇인지? 삶이 어떤 결과로 나아갈지 인생 전반이 궁금합니다. (30대 후반 여성)

〈 전문 상담 〉

내담자의 인생의 궁긍적인 이상은 신중함과 명확함입니다. 즉, 어떤 문제가 생겼을 때, 합리적인 판단, 평가하며 신중함을 유지하는 것입니다. 이를 위해서는 지나친 자신감과 오만을 멀리하고 주변과의 조화에 힘쓰며 속마음을 드러내지 않고 적절한 감정표현을 해야하며 과거의 일들을 잊지 않고, 기존의 알고 지내던 사람들과의 관계를 지속하기 위해 노력해야합니다. 또한, 주변과 화합하고 나누고, 융통성을 가지고 주변의 요구와 유혹을 뿌리치고 인위적으로 균형을 맞추려는 행동을 피해야 합니다. 이러한 행동들은 결국 깨우침과 충분한 시간을 통해 자기 비젼을 가지고 나아가 합리적인 판단과 신중함을 유지하는 궁극적인 목표를 이루실 수 있습니다.

〈 조언 & 코칭 〉

합리적인 판단과 신중함을 유지하기란 쉽지 않습니다. 특히 항상 그러기 쉽지 않지요. 판단에 앞서 주변의 사람들이 무엇을 필요한 지, 내가 줄 수 있는 것이 무엇인지 생각하는 것이 결국 신중함을 유지하는 데 도움이 될 것 같습니다. 궁긍적인 목표와 이상을 추구하고 나아가고 자 하는 모습, 과정도 참 중요한 일임을 꼭 기억하시기 바랍니다.

(3) 생명의 나무 배열법 ⑧

♣ 전문상담 : 이정숙 공저 & 트레이너 ♣

〈사례100〉 저의 인생, 삶의 궁극적인 이상은 무엇인지? 또, 그것을 달성하기 위해 유의할 점은 무엇인지? 삶이 어떤 결과로 나아갈지 인생 전반이 궁금합니다. (30대 후반 여성)

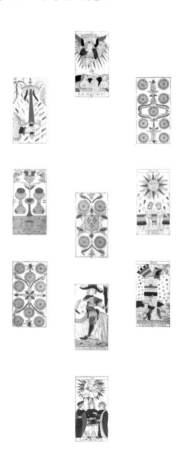

〈 전문 상담 〉

　내담자분의 삶의 궁극적인 이상은 뿌린 대로 거둔다는 인과응보입니다. 그 이상을 실현하기 위하여 필요한 지혜는 현실에 안주하지 않고 더 나은 발전을 위한 실질적인 노력입니다. 그러나 내담자의 목표를 달성을 위해 자신의 생각만 고수하면 그에 따라 인간관계에 갈등이 생기므로 이를 경계해야 합니다. OO를 달성하기 위한 밑거름으로는 강한 자신감과 열정입니다. 그와 더불어 주변의 사람들과 갈등을 일으키기 보다는 서로 감정의 교류를 나누며 조화로운 관계를 맺는 것이 필요합니다. 그로부터 현실의 안정과 안정적 균형을 이루게 되면 신념의 급변을 통해 현실감 있는 활동력을 갖게 되고, OO달성을 위한 관계의 개선 및 유지와 계속적인 만족감을 얻을 수 있습니다. 열정과 행동력을 겸비하면서 최종적인 기반을 준비하시면 선택의 상황에서 내담자가 마음에 드는 것을 선택할 수 있고,

〈 조언 & 코칭 〉

　10개의 카드 중에 마이너 카드6 개 중에서 세 개는 펜타클 요소로 내담자에게 중요한 슈트라고 볼 수 있습니다. 경제, 물질, 기반환경, 명예, 직업을 중요시하는 내담의 특징을 잘 살려서 상담할 필요가 있습니다.

(3) 생명의 나무 배열법 ⑨

♣ 전문상담 : 장영숙 공저 & 트레이너 ♣

〈사례101〉 저의 인생, 삶의 궁극적인 이상은 무엇인지? 또, 그것을 달성하기 위해 유의할 점은 무엇인지? 삶이 어떤 결과로 나아갈지 인생 전반이 궁금합니다. (30대 후반 여성)

〈 전문 상담 〉

인생의 궁극적 의미에 대한 관심이 많으며 그것들을 탐색하고 찾고자 하는 철학적 질문이 많으신 분입니다. 성공하고자 하는 목표의식도 강하고 완벽주의적인 성향도 있어 보이네요. 이러한 부분을 성공적으로 이끌기 위해서는 감정에 치우지거나 편안한 상태에 정체되어 안주하기보다는 구체적이고 현실적인 목표를 세워 무엇이든 적극적으로 계획을 세우고 시작을 하는 것이 중요합니다. 막연한 희망과 신념보다는 현재 자신이 가지고 있는 장점과 능력을 잘 살펴 자신감을 가지고 도전하다보면 자신이 이루고자 하는곳에 어느새 도착해 있는 것을 확인하게 될 것입니다.

〈 조언 & 코칭 〉

성공에 대한 목표의식이 높은 분입니다. 그리고 그것들을 이루어 내기 위한 노력과 능력도 가지고 있으니 반드시 성공에 이를 것으로 보입니다. 주저하지 말고 도전하세요.

타로카드 전문상담가가 되기 위한
최지훤의 대표 전문서 안내

몇 년 사이에 국내에는 타로카드 관련 서적 출판이 홍수를 이루고 있다.

하지만, 안타깝게 시중의 책들을 보면 도움이 되는 책만 있는 것이 아니라 오히려 혼돈에 빠지게 하는 책들이 즐비하다. 이에 마르세이유 타로카드 상담 전문가 독자들에게 타로상담전문가로 나아갈 수 있는 최지훤의 대표 서적을 소개한다.

부디, 타로카드 상담전문가라는 하나의 목표로 열공하여 주위의 어려운 상황에 있는, 상담이 필요한 사람들에게 도움을 줄 수 있는 그런 멋진 타로 상담전문가가 되기를 기대한다.

1. 타로카드상담과 NLP힐링치유(개정판) : (2000권 품절)

타로상담의 기초 내용을 자세히 소개했다. 기존 타로를 점이라고 인식하는 독자, 수강생들에게 타로상담을 소개하고 효율적인 상담방법인 NLP상담을 접목시킨 국내 최초의 타로상담 & NLP상담서적이다. 너무나 좋은 인기로 아쉽게 2000권 모두 품절이다.

[개정판]타로카드상담과 NLP힐링치유

저자 : 최지훤 외

출판사 : 해드림출판사

발행일 : 2017년 5월 22일 (초판 : 2016년 6월 5일)

사양 : 신국판

2. 타로카드 상담전문가(개정판)

타로상담 전문가를 꿈꾸는 사람이라면 반드시 읽어보아야 할 필독서!! 타로상담 기본 내용과 고급 실전 상담까지 수록되어 있는 타로카드 상담전문가를 위한 고급 전문서이다. 타로상담 전문가를 꿈꾸는 독자들에게 상당히 인기 있는 베스트셀러로 벌써 개정판(2쇄) 출판을 했다.

대학 평생교육원, 교원연수 등에서 강의되는 내용의 전문 실전서이다.

[개정판]타로카드 상담전문가

저자 : 최지훤 외

출판사 : 해드림 출판사

발행일 : 2020년 02월 20일 (초판 : 2018년 12월 20일)

사양 : 양장 컬러

3. 칼라 심리 & 상담카드

사람의 마음, 잠재의식과의 연결고리, 커뮤니케이션을 위한 칼라 심리 & 상담카드. 컬러와 수비학적인 신비로움을 가미하여 칼라 심리 & 상담카드가 제작되었다. 학교현장 및 상담현장에서 폭넓고 다채롭게 활용되고 있다.

수강생과 독자들은 한결같이 이야기한다. 서프라이즈~ 라고…

칼라 심리 & 상담카드

저자 : 최지훤 외

출판사 : 해드림출판사

발행일 : 2018년 07월 07일

사양 : 카드(책자 포함) 8*12

4. 타로상담전문가 프레젠테이션

타로전문 강사를 위한 PPT강의 내용을 책으로 출판하여 타로상담전문가의 커리큘럼을 표준화했다. 타로상담전문가의 기초, 기본, 중급의 내용 모두를 한눈에 확인해 볼 수 있는 고급 전문서이다. 강의를 위한 강사들도 많이 참고하고 있는 베스트셀러이다.

타로상담전문가 프레젠테이션

저자 : 최지훤 외

출판사 : 해드림 출판사

발행일 : 2019년 11월 11일

사양 : 4*6배판(양장)

5. 데카메론 타로카드 상담전문가

14C 중엽, 흑사병을 주제로 인문학의 대가인 보카치오가 1348년에 서술한 데카메론이라는 책 내용과 연계하여 이탈리아 LO SCARABEO 사에서 제작된 성인 대상 전문 데카메론 타로카드~ LO SCARABEO사와 강의 및 출판과 관련한 계약(라이센스)을 통해 국내 최초 데카메론 타로카드 상담전문가 책을 코로나19 극복을 염원하는 마음으로 집필하게 되었다.

데카메론 타로카드 상담전문가

저자 : 최지훤 외

출판사 : 하움출판사

출간일 : 2020년 05월 20일

페이지 수 : 248

책 사이즈 : 152*225

6. 심볼론카드 상담전문가

심볼론 카드는 마음의 상처를 해결할 수 있는 경험을 우리에게 제공한다. 심볼론 카드는 독일의 점성학자, 심리학자, 동화 작가인 Peter Orban과 Ingrid Zinnel, TheaWeller에 의해 제작된 인간 내면의 심리와 연계한 전문 카드이다. 심볼론카드 실전 상담사례뿐만 아니라, 전문 사용법을 이해하기 위한 12 별자리 10행성을 포함한 4원소, 3대 특(자)질, 양극성을 자세히 설명해 놓았고, 점성학을 사용하는 방법과 점성학을 사용하지 않는 사용법 등도 자세히 소개되어있다. 카드 한 장 한 장, 총 78장의 최지훤 대표 저자의 전문 해설도 수록되었다.

심볼론카드 상담전문가
저자 : 최지훤 외
출판사 : 하움출판사
출간일 : 2020년 08월 10일
페이지 수 : 272
책 사이즈 : 152*225

7. 이후의 출판

타로상담전문가를 꿈꾸는 많은 수강생과 독자를 위해 다양한 전문 서적을 준비하고 있다.

지금 독자들이 보고 있는 마르세이유 타로카드 상담전문가를 포함하여 곧이어 출판 예정인 오쇼젠카드, 타로카드 종합 실전상담 (마르세유 + 유니버설 + 데카메론 + 심볼론 등) 백과사전 등 다양한 카드를 전문적인 설명으로 출판 예정하고 있다.

아울러, 최지훤이 집필하는 타로상담 전문서는 다른 일부 불법 출판과 다르게 해당 타로카드의 저작권을 가지고 있는 유럽, 미국 등의 저작 기관과 정식

절차를 통해 합법적으로 타로카드를 사용함을 밝힌다.

기타 타로상담에 대한 의문점과 많은 정보는 인터넷 다음 카페(한국타로상담&NLP상담협회 / http://cafe.daum.net/KANLP)를 활용하기 바라며, 경기대(서울, 수원) 평생교육원, 충북대 평생교육원, 단재교육원 등에서 일반 전문강좌 및 교원연수로 인연을 이어가기 바란다. 또한, 우리나라 전역(강원도~제주도)에서 대기업 및 교원연수 등의 특강을 원하는 기관은 choiok1833@hanmail.net 으로 연락하면 이른 시일 안에 인연을 맺도록 하겠다.
소중한 인연 감사하다.

에필로그

마르세이유 타로카드 상담전문가 원고를 마무리하며
소중한 인연, 함께 할 수 있는 인연에 진심으로 감사하다.
그리고 내가 할 수 있는 일이 있어 이 또한 감사하다.
소중한 인연 항상 소중히 간직하고 살아가려 한다.
그리고 나누면서 나아가려 한다.
많은 부분의 내용을 다루었으면 좋았겠으나
지면상의 한계로 수록하지 못함이 아쉬울 뿐이다.
저자 & 한국타로상담&NLP상담협회의 전문 트레이너들이 강의
하는 전국의 직강 현장에서는 더욱 풍부하고 실감 나는 강의가
진행될 것이다.

우리 삶이…
평범하지만 그 평범함을 행복감으로 느끼며
그 평범한, 행복한 삶만 계속되기를 기원하며 집필을 마친다.
다시 한번 소중한 인연에 감사드리며 좋은 인연 계속 이어나갔
으면 좋겠다.

2020년 작열하는 태양 빛의 여름을 지나 가을을 맞이하며
대표 저자 최옥환 (필명, 최지훤) 드림

본 『마르세이유 타로카드 상담전문가』의 오류가 발견될 경우,
다음 카페【한국타로상담 & NLP상담협회】
http://cafe.daum.net/KANLP 에 공지하도록 한다.
또한, 카페에서 타로상담전문가로 나아가는 실전 상담 및
많은 정보를 얻을 수 있을 것이다.